Alan Loy McGinnis
SELBSTWERTGEFÜHL

Alan Loy McGinnis

Selbstwertgefühl

In jedermann ist etwas Kostbares,
das in keinem anderen ist

Martin Buber

Projektion J Buch- und Musikverlag GmbH
Wiesbaden

Titel der Originalausgabe:
Confidence

© 1987 by Alan Loy McGinnis
Published by Augsburg Publishing House
426 S. Fifth St., Box 1209, Minneapolis MN 55440

© 1996 der deutschen Ausgabe
by Projektion J Buch- und Musikverlag GmbH,
Rheingaustraße 132, D-65203 Wiesbaden

ISBN 3-89490-143-8

Die Bibelstellen wurden der Einheitsübersetzung entnommen.

Übersetzung: Annerose Goldhahn
Umschlaggestaltung: Petra Louis
Satz: Projektion J Buch- und Musikverlag GmbH

WIDMUNG

Dieses Buch ist Dr. med. Taz W. Kinney gewidmet, der fast fünfzehn Jahre lang mein Partner war. Als wir gemeinsam begannen, besaß er seine Zulassung als Psychiater und viele Jahre Berufserfahrung im medizinischen Bereich. Ich war nur ein Geistlicher, der ein wenig Ausbildung als Familientherapeut hatte. Aber er behandelte mich so, als wäre ich ihm ebenbürtig, wurde sowohl ein Vater als auch ein Freund und hielt nichts von seinem Wissen vor mir zurück. Anders als viele Psychiater, die sich oft zu seltsamen Primadonnen entwickeln, steht mein Partner mit beiden Beinen auf der Erde – so wie seine Vorfahren, die aus Kentucky stammen –, und seine ganze Erscheinung erinnert eher an einen Landarzt als an einen Psychiater.

Taz und ich schauen zwischen den Sitzungen oft für eine kurze Unterhaltung im Büro des anderen vorbei. Manchmal bitte ich ihn um einen Rat, manchmal haben wir das Bedürfnis, miteinander zu lachen, manchmal müssen wir einander hinterfragen, um sicher zu sein, daß wir wirklich alles für unsere Hilfesuchenden tun, was machbar ist. Ich schätze diese kurzen Kontakte mit ihm, weil er eine so frische Art hat, Dinge zu sehen. Er hat nie zugelassen, daß er zynisch wurde oder abgestumpft, und er besitzt einen beinahe kindlichen Glauben.

Als er einmal in meinem Büro saß, fragte er, worüber ich als nächstes schreiben würde. Ich sagte ihm, daß es um das Selbstbild der Menschen gehen werde und daß wir überlegten, ob wir als Titel ein einziges Wort nehmen sollten: »Selbstwertgefühl«. Er blickte einen Augenblick aus dem Fenster und sagte dann: »Weißt du, ich habe oft gedacht, wenn ich nur ein paar Sekunden lang Gott sein könnte, würde ich den Menschen am liebsten die Fähigkeit geben, bessere Gefühle für sich selbst zu entwickeln.«

Dieses Buch hat nicht alle Antworten auf die Frage, wie man ein Bewußtsein seines eigenen Wertes entwickeln kann, aber so, wie es nun mal ist, ist es Taz W. Kinney gewidmet.

ANMERKUNGEN DES AUTORS

Die folgenden Personen haben dieses Buch in seinen unterschiedlichen Entwicklungsstadien gelesen und durch ihre Vorschläge verbessert: Cindy Adams, Dr. Dennis Denning, Pat und Jane Henry, Dr. Taz Kinney, Tricia Kinney, Dr. Lee Kliewer, David Leek, Norman Lobsenz, Alan McGinnis Jr., Sherie Newell, Dr. Walter Ray, Godfrey Smith III, Mike Somdal, Mary Alice Spangler, Dr. Robert Swinney und Dr. John Todd.

Dr. Neil Warren ist, was das Thema dieses Buches angeht, einer der fähigsten Denker, die ich kenne, und ich verdanke unseren Unterhaltungen sehr viel. Aber ich würde unsere Freundschaft mißbrauchen, wenn ich ihm die Verantwortung für die im folgenden dargestellten Gedanken zuschriebe.

Susan Rivers' Mitarbeit bei diesem Projekt ist von unschätzbarem Wert gewesen. Schließlich möchte ich noch den Mitarbeitern des *Augsburg Publishing House* danken. Mein besonderer Dank gilt Roland Seboldt und Robert Moluf, die hervorragende Lektoren waren.

Viele der in diesem Buch wiedergegebenen Geschichten sind Ereignisse aus dem Leben von Hilfesuchenden, mit denen ich arbeite. Aber sie wurden so abgeändert, daß selbst enge Freunde der betreffenden Personen sie nicht erkennen werden. Die Grundzüge ihres Gefühlslebens wurden jedoch korrekt wiedergegeben.

INHALT

Zwölf Regeln
für die Entwicklung von Selbstwertgefühl

1. Konzentrieren Sie sich nicht auf Ihre Begrenzungen, sondern auf Ihre Möglichkeiten.

2. Entscheiden Sie sich, herauszufinden, wer Sie wirklich sind.

3. Unterscheiden Sie zwischen dem, was Sie sind und dem, was Sie tun.

4. Finden Sie etwas, was Sie gern und gut tun, und tun Sie es immer wieder.

5. Ersetzen Sie Ihre negative Selbstbewertung durch regelmäßige, positive innere Dialoge.

6. Ersetzen Sie Angst vor Versagen durch klare innere Bilder von sich selbst, wie Sie erfolgreich Dinge meistern und dabei glücklich sind.

7. Wagen Sie es, ein wenig exzentrisch zu sein.

8. Schließen Sie so gut wie möglich Frieden mit Ihren Eltern.

9. Entschließen Sie sich, Körper und Geist in Einklang zu bringen.

10. Treffen Sie die Entscheidung, über neurotischen Schuldgefühlen zu stehen.

11. Pflegen Sie Beziehungen zu Menschen, die Ihr persönliches Wachstum unterstützen.

12. Lassen Sie nicht zu, daß Ablehnung Sie davon abhält, auf andere Menschen zuzugehen.

Selbstwertgefühl
und die Entdeckung der Freude

*»Es gibt kein Werturteil, das wichtiger ist für den Menschen –
keinen Faktor, der entscheidender ist für seine psychologische
Entwicklung und Motivation – als seine Selbsteinschätzung.«*
– Nathaniel Branden –

Unser Erfolg in Freundschaften, im Geschäftsleben, im Sport, in
der Liebe – ja, bei fast allem, was wir unternehmen – wird
größtenteils von unserem Selbstbild bestimmt. Menschen, die
an ihren persönlichen Wert glauben, scheinen Erfolg und Glück regelrecht anzuziehen. Ihnen fallen regelmäßig gute Dinge in den Schoß,
ihre Beziehungen sind stabil, ihre Projekte werden in der Regel auch
vollendet und sie besitzen die Fähigkeit, die Freuden, die der Tag mit
sich bringt, zu genießen. Um es mit Blake auszudrücken: Sie »fangen
die Freude im Flug ein«.

Andere dagegen scheinen Versagen und Unglück anzuziehen. Ihre
Pläne gehen schief, sie besitzen die Fähigkeit, ihre eigenen Erfolge zu
torpedieren, und nichts scheint bei ihnen zu funktionieren. In der Bera-
tungsstelle, in der ich arbeite, sehen wir viele solcher Menschen. In den
meisten Fällen kommen meine Kollegen und ich zu dem Schluß, daß
ihre Probleme daher rühren, daß sie Schwierigkeiten haben, sich selbst
anzunehmen. Und wenn wir es schaffen, ihnen zu größerer Zuversicht
zu verhelfen, verschwinden viele ihrer seelischen Probleme von selbst.

Läßt sich Ihr Selbstbild verändern?

Eine der Freuden, die man erlebt, wenn man mehrere Jahrzehnte lang als Seelsorger arbeitet, ist, wenn man gelegentlich frühere Klienten wiedersieht, die bemerkenswerte Fortschritte gemacht haben. Eine Frau, mit der ich mehrere Jahre lang intensiv gearbeitet hatte und die in einer anderen Stadt lebte, besuchte mich vor kurzem in meinem Büro. Ich kann mich noch lebhaft an die zusammengesunkene Frau erinnern, die sie einmal war. Woche für Woche hatte sie vor mir gesessen, war rot geworden, war über ihre eigenen Worte gestolpert und hatte zu Boden gesehen. Ihre Körpersprache drückte aus: »Ich verdiene es nicht einmal, mit Ihnen zu sprechen.« Sie verlor häufig ihre Arbeit, ihre Beziehungen erwiesen sich für gewöhnlich als Fehlschläge und sie hatte in fast jedem Bereich ihres Lebens Probleme. Während wir miteinander arbeiteten, stellte sich heraus, daß ihr Versagen mit den Maßstäben zu tun hatte, an denen sie sich selbst maß.

Jetzt, beinahe zehn Jahre später, hat sich ihre Selbsteinschätzung offensichtlich gewandelt, denn sie ist eine erstaunlich veränderte Frau. Sie hat eine offene, gerade Haltung und ihre Körpersprache zeigt, wie zufrieden sie mit sich selbst ist. Sie spricht lebhaft über das erfolgreiche Unternehmen, das sie gegründet hat, führt eine glückliche Ehe mit einem Mann, den sie liebt und hat mehrere dauerhafte Freundschaften.

Einige Autoren äußern sich sehr pessimistisch zu der Frage, ob Menschen fähig sind, sich zu ändern. Sigmund Freud bezweifelte eindeutig, daß das möglich wäre, und in einigen Kreisen ist es immer noch allgemein anerkannte Überzeugung, daß die Persönlichkeit eines Menschen zum größten Teil von seiner Kindheit bestimmt wird.

Aber wir können unsere Selbstwahrnehmung verändern. Das ist schlichtweg eine Tatsache. Es stimmt nicht, daß jemand, der unter einem schlechten Selbstbild leidet, zu einem unglücklichen Leben mit falschen Schuldgefühlen verurteilt ist. Wenn man bestimmte Schritte unternimmt, ist es möglich, viele negative Einstellungen abzulegen und ein gesundes Selbstwertgefühl zu entwickeln.

Nehmen Sie zum Beispiel jenen Mann, der mehrere negative Faktoren gegen sich hatte. Als Junge war er extrem dünn und schrecklich schüchtern. Er wäre gern hartgesotten, frech und dick gewesen, aber ganz gleich, wieviele Milchmix und Bananensplits er verschlang – er nahm kein Gramm zu. Zu allem Übel war er auch noch der Sohn eines Predigers, und das konnte jemanden, der in den kleinen Ortschaften in Ohio aufwuchs, wirklich hemmen. Beinahe jeder in seiner Familie trat öffentlich als Redner auf, und das war das letzte, was er werden wollte.

»Ich war scheu und schüchtern«, berichtet er, »und dieses Selbstbild der Unzulänglichkeit hätte sich vielleicht nie geändert, wenn mir nicht ein Professor in meinem zweiten Jahr im College etwas gesagt hätte. Einen Tag, nachdem ich eine miserable Leistung gezeigt hatte, sagte er mir, ich solle nach dem Unterricht noch da bleiben. ›Wie lange wollen Sie eigentlich noch so schüchtern bleiben und sich wie ein verängstigtes Kaninchen verhalten, das sich vor seinen eigenen Geräuschen fürchtet?‹, wollte er wissen. ›Sie sollten die Art, wie Sie über sich selbst denken, ändern, Peale, bevor es zu spät ist.‹«

Vielleicht klingt das, als sei es sehr starke Medizin für den Jungen gewesen, aber es half. Der Name des Jungen war Norman Vincent Peale, und er wurde einer der bekanntesten Prediger und Autoren Amerikas. »Sie sollten die Art, wie Sie über sich selbst denken, ändern.« Ist es wirklich möglich, solch eine Änderung vorzunehmen? Nach dieser Unterhaltung, berichtet Peale, änderte sich wirklich etwas: »Die Minderwertigkeitsgefühle waren nicht alle weg; einige habe ich selbst heute noch. Aber ich änderte das Bild, das ich von mir selbst hatte – und damit auch den Kurs meines Lebens.«

Selbstwertgefühl ohne Selbstverehrung

Kann man zuviel Selbstwertgefühl haben? Ja, man kann. Wir alle kennen Menschen mit großen Egos, die allen anderen das Leben schwer machen. Leider denken wir im Zusammenhang mit Selbstwertgefühl oft an Großspurigkeit, Arroganz und Eingebildetsein, oder schlimmer noch: Wir denken an die selbstgefällige, anmaßende Haltung, die aalglatte Gauner haben, wenn sie sich in einer Machtposition befinden.

Jene Wochenendseminare – zumindest die Art von Seminaren, die gerade in Südkalifornien in Mode sind –, in denen die Teilnehmer in einem Raum stehen und immer wieder rufen: »Ich mag mich selbst, ich mag mich selbst, ich mag mich selbst«, haben etwas Mitleiderregendes an sich. Durch die enorme Betonung, die in der gegenwärtigen Populärpsychologie auf Selbstbeobachtung und »Selbstfindung« gelegt wird, sind viele Menschen, wenn sie aus der Therapie kommen, auf sich selbst konzentriert, ich-bezogen und in sich gekehrt. Ein Mann, der vor einigen Monaten von seiner Frau verlassen worden war, kam zu einem Seelsorger. Er sagte: »Nachdem ich eine Weile Therapie gemacht habe, ist mir klar geworden, daß Jan einen wunderbaren Mann verloren hat. Ich habe mich vor kurzem in einen phantastischen Menschen verliebt – mich selbst.«

Es fällt einem nicht ganz leicht, solch ein dummes Gerede anzuhören, aber wenn man erst einmal über den lächerlichen Versuch der Selbstverherrlichung hinwegsieht, kann man nur noch Mitleid für diesen Mann empfinden. Auf das Geheiß eines modernen Schamanen hin hat er sein Ego aufgeblasen und ist sehr egozentrisch geworden. Das Tragische daran ist, daß sein Narzißmus, wenn er in dieser Weise Amok laufen darf, bald gerade die Menschen von ihm entfremden wird, deren Liebe er in dieser Krise braucht.

Der Apostel Paulus fordert uns dringend auf, nicht höher von uns zu denken, als sich geziemt. Aber wie hoch genau sollten wir von uns denken? Die Antwort liegt irgendwo zwischen der Selbstverehrung, die von den säkularen Psychologen befürwortet wird, und der falschen Demut, die einige fehlgeleitete Christen vermitteln. Wir wollen in diesem Buch erkunden, auf welche Weise wir unser Selbstwertgefühl stärken können, aber wir werden dabei auch die Natur der christlichen Demut untersuchen. Denn was wir heutzutage brauchen, ist ein Verständnis von jener goldenen Mitte, wo man weder ein Angeber noch ein Waschlappen ist.

Warum Vorsätze, sich selbst zu verbessern, meistens fehlschlagen

Viele von uns starten regelmäßig irgendwelche neuen Selbstverbesserungsprogramme. Wir sind fest entschlossen, abzunehmen, mit dem Rauchen aufzuhören, ab jetzt Sport zu treiben, schneller zu lesen oder Aerobic zu beginnen. Die meisten von uns beginnen solch ein Programm, weil sie unzufrieden mit sich selbst sind und glauben, daß sie glücklicher sein werden, wenn sie es schaffen, irgendein Verhalten zu ändern.

Der Trugschluß dabei liegt in der Annahme, daß wir uns innerlich besser fühlen werden, wenn wir unser Äußeres verändern. Es liegt genug Wahrheit in dieser Annahme, um uns weit in die Irre zu führen. Wenn wir Auszeichnungen und akademische Grade erlangen, sind diese Leistungen tatsächlich von einem guten Gefühl begleitet, und wir können den voreiligen Schluß ziehen, daß sich unsere innere Welt ändern wird, wenn wir an der Außenseite Dinge ändern – indem wir all das tun, was andere Menschen sehen wollen.

Aber in Wirklichkeit funktioniert es genau anders herum. Die meisten Veränderungen beginnen innen und wirken sich dann nach außen hin aus. Es beginnt mit Selbsterkenntnis und dem »Reicher-werden« der eigenen Persönlichkeit. Es hat damit zu tun, daß wir sowohl unser Denken als auch unser Verhalten ändern. Und wenn wir unsere Denkweise ändern können, wenn wir zu uns selbst reden und uns selbst anders sehen können, dann wird viel von unserem Verhalten ganz von selbst nachfolgen.

Dieses Buch hat das Ziel, Wege zur Veränderung dieser inneren Welt aufzuzeigen. Sie werden hier einfache, praktische, über lange Zeit erprobte Schritte finden, die Tausende von erfolgreichen Menschen angewandt haben, um ihre Selbstzweifel in Selbstvertrauen zu verwandeln. Einige dieser »Methoden« sind tägliche Übungen, um Ihr Selbstbild aufzubauen; andere sind Prinzipien, auf die Sie zurückgreifen können, wenn Ihr Selbstgefühl zu sehr von Ihren Erfolgen und Mißerfolgen abhängt.

Sie werden die Art, wie Sie über sich selbst denken, nicht über Nacht ändern können, und es wird nicht ohne einige Mühe geschehen. Aber es ist möglich, und ein gutes Selbstwertgefühl ist etwas, was jedem zur Verfügung steht. Dr. Karl Menninger schrieb einmal: »Ängste sind uns anerzogen worden, und wenn wir wollen, können sie auch wieder aberzogen werden.«

Teil I

Vier grundlegende Faktoren
für die Entwicklung des Selbstwertgefühls

Kapitel 1

Entdecken Sie Ihre Fähigkeiten

Ich glaube leidenschaftlich an unsere Rasse und habe keine Geduld mit der gegenwärtigen Mode, die Menschen als nützlichen Teil der Natur herunterzumachen. Im Gegenteil, wir sind eine sensationelle, herrliche Manifestation des Lebens.
– Dr. med. Lewis Thomas –

Als Helen Hayes eine junge Schauspielerin war, sagte ihr Produzent George Tyler zu ihr, sie könnte eine der berühmtesten Schauspielerinnen ihrer Zeit werden, wenn sie nur 10 cm größer wäre. Sie berichtet: »Ich beschloß, meine Größe in den Griff zu bekommen. Eine ganze Reihe von Lehrern zog an mir herum und streckte mich, bis ich das Gefühl bekam, in einer mittelalterlichen Folterkammer zu sein. Ich wurde keinen Zentimeter größer – aber meine Haltung wurde geradezu militärisch. Ich wurde die größte Einmeterfünfzig-Frau der Welt. Und meine Weigerung, mich von meinem Handikap einschränken zu lassen, befähigte mich, Maria von Schottland zu spielen, die eine der größten Königinnen in der Geschichte war.«

Helen Hayes hatte Erfolg, weil sie sich weigerte, sich auf ihre Schwächen zu fixieren und sich lieber auf ihre starken Seiten und ihre Fähigkeiten konzentrierte. Und das ist die erste Grundlage für die Entwicklung von Zuversicht:

> *Konzentrieren Sie sich nicht auf Ihre Begrenzungen, sondern auf Ihre Möglichkeiten.*

Ich habe nicht die Absicht, in diesem Buch zu jenem blinden Optimismus zu raten oder die Art von verantwortungslosen Ideen zu verbreiten, die man von vielen Motivationstrainern hört. Sie sagen uns, wir seien wunderbar, hätten grenzenlose Möglichkeiten und könnten alles erreichen, wenn wir einfach nur an uns selbst glaubten. Aber wir sind nicht in jeder Hinsicht wunderbar, wir funktionieren nicht ohne gewisse Einschränkungen, und wir werden nicht »allmächtig«, nur weil wir einfach glauben, daß wir es sind. Wenn wir unseren Kindern sagen, daß sie alles erreichen können, was sie wollen, vernichten wir damit oft eher ihr Selbstwertgefühl, als daß wir es stärken, denn wenn ihre Träume nicht wahr werden, nehmen sie an, daß mit ihnen irgend etwas nicht stimmt. Es ist grausam, einem Mädchen, das kein Gehör für Tonhöhen hat, zu sagen, sie könne eine große Sopranistin werden, oder einem Jungen, dessen IQ unter dem Durchschnitt liegt, er könne ein Arzt werden.

Aber es ist nicht unrealistisch, unseren Kindern zu sagen, daß sie von Gott geschaffen und deshalb sehr wichtig sind, daß sich in ihrem Innern ungenutzte und mächtige Ressourcen befinden und daß ihre Möglichkeiten tatsächlich viel größer sind als das, was sie momentan sind. Diejenigen, die das positive Denken vertreten, haben größtenteils recht: Wir tragen tatsächlich die Fähigkeit in uns, die Welt zu verändern, indem wir unsere Einstellungen ändern, und sie haben recht, wenn sie von dem unglaublichen Potential des menschlichen Organismus sprechen. In dem letzten Buch, das er schrieb, beklagte Einstein die Tatsache, daß er nur einen kleinen Teil seiner Fähigkeiten erschlossen habe. Und Admiral Byrd, der als erster Mensch über den Nord- und den Südpol flog, sagte: »Nur wenige Menschen erreichen auch nur annähernd den Punkt, wo sie die Fähigkeiten, die in ihnen liegen, voll ausgeschöpft haben.«

Das Konzept der Schöpfung

Viele meiner Klienten sagen mir, daß sie nicht so klug oder gutaussehend oder geistreich seien wie andere und daß sie sich minderwertig fühlten. Nebenbei bemerkt: Diese Menschen sind nicht geisteskrank. Früher ging man nur dann in eine psychiatrische Klinik, wenn man so schwermütig war, daß man sich umbringen wollte, oder wenn man Stimmen hörte. Aber heute sind unsere Wartezimmer voll von normalen, im Leben stehenden Menschen, die einfach nur unglücklich sind.

Ich wünschte, ich könnte den Klienten, die sich unzulänglich und minderwertig fühlen, sagen: »Ach komm, du bist genauso klug wie jeder andere auch.« Aber in einigen Fällen wäre das unehrlich. Trotz allem, was die Unabhängigkeitserklärung sagt, sind wir eben nicht alle gleich geschaffen. Deshalb versuche ich statt dessen, ihnen die Erkenntnis zu vermitteln, daß sie von einem großen Gott auf herrliche Weise geschaffen wurden und daß sie aus diesem Grunde wichtig sind. Wir fangen an, Zuversicht zu entwickeln, wenn wir glauben, daß wir von einem wohlwollenden Schöpfer in Existenz gerufen wurden.

Ein zweiunddreißigjähriger, bankrotter Aussteiger stand in einer Winternacht am sturmgepeitschten Ufer des Michigansees und wollte sich in die Fluten stürzen, als er zufällig zum sternenübersäten Himmel aufsah. Plötzlich überkam ihn ein Gefühl der Ehrfurcht, und ein Gedanke durchschoß ihn: Du hast kein Recht, dich selbst zu eliminieren. Du gehörst nicht dir selbst. Du gehörst dem Universum. R. Buckminster Fuller wandte sich vom See weg und begann eine bemerkenswerte Karriere. Am bekanntesten wurde er als der Erfinder der geodätischen Kuppel, aber als er starb, besaß er mehr als 170 Patente und war als Ingenieur, Mathematiker, Architekt und Dichter weltberühmt.

Buckminster Fullers Erlebnis in jener Nacht am Michigansee war lediglich ein Widerhall der Worte, die vor langer Zeit ein Psalmist niederschrieb. Auch er sann über den Nachthimmel nach und verspürte Ehrfurcht vor seiner Erhabenheit:

»Seh' ich den Himmel,
das Werk deiner Finger,
Mond und Sterne,
die du befestigt:
Was ist der Mensch, daß du an ihn denkst,
des Menschen Kind, daß du dich seiner annimmst?«

Auch der Schreiber des Psalms wollte sich angesichts solcher Größe zunächst unsicher und unzulänglich fühlen, aber die Antwort, die er auf seine Frage erhielt, war überwältigend:

»Du hast ihn nur wenig geringer gemacht als Gott,
hast ihn mit Herrlichkeit und Ehre gekrönt« (Ps 8,4-6).

Ob es Ihnen gefällt oder nicht (denn daraus ergibt sich nicht nur eine gewisse Ehre, sondern auch Verantwortung): Wir sind von Gott erschaffen worden, und unser Schöpfer hat uns mit bemerkenswerten Fähigkeiten ausgestattet.

Der innere Filter

Aber wenn Gott die Menschen wirklich mit solch einer Herrlichkeit und Ehre geschaffen hat, was hält dann so viele von uns davon ab, unsere Möglichkeiten zu erschließen? Oft liegt es daran, daß wir uns ständig mit unseren Fehlern beschäftigen, anstatt das ganze Bild zu sehen. Ein hübsches Mädchen macht sich für eine Verabredung fertig. Zufällig hat sie diese Woche einen Pickel am Kinn. Sieht sie all die guten Eigenschaften, aufgrund derer die meisten objektiven Betrachter (wie zum Beispiel der junge Mann, mit dem sie verabredet ist) sie als hübsch bezeichnen würden? Nein, sie sieht nur den Pickel. Und wenn der Junge, mit dem sie ausgeht, versucht, ihr ein Kompliment zu machen, wird sie es vermutlich nur für Schmeichelei, oder schlimmer noch, für eine Lüge halten.

Es gehört mit zu den seltsamsten Dingen, die wir in der Therapie beobachten, daß Menschen, die an ihrem eigenen Wert zweifeln, oft nicht in der Lage sind, Komplimente anzunehmen. Man sollte meinen, daß Menschen mit einem geringen Selbstwertgefühl nur zu gern ein Lob annehmen. Aber das Gegenteil ist der Fall: Wenn sie eine falsche Selbstwahrnehmung haben und sich selbst nicht leiden können, dann wird es nicht möglich sein, ihnen das auszureden, ganz gleich, was andere versuchen, ihnen zu sagen. Wenn sie von jemandem kritisiert werden, hören sie jedes Wort, aber Komplimente gleiten an ihnen ab.

Das funktioniert folgendermaßen: Wir scheinen einen inneren Filter zu haben, der nur bestimmte Informationen hereinläßt. Mit anderen Worten, Sie hören nur die Bemerkungen, die mit der Sicht, die Sie selbst von sich haben, übereinstimmen. Nehmen wir einmal an, Sie glauben folgendes von sich selbst:

- Ich bin ziemlich gut in Sport.
- Ich bin schlecht in Mathematik.

- Mein IQ liegt über dem Durchschnitt.
- Ich habe ein hübsches Gesicht, aber eine schreckliche Figur.

Wenn Sie eine neue Information erhalten, wird sie durch diesen Filter geleitet. Wenn sie mit dem, was Sie von sich selbst denken, übereinstimmt, wird der Filter die Information durchlassen. Wenn jemand sagt: »Sie spielen wirklich gut Tennis«, wird das hereingelassen, und Sie danken demjenigen für das Kompliment, weil seine Bemerkung mit dem übereinstimmt, was Sie glauben (ich bin gut in Sport). Wenn dagegen jemand sagt: »Sie haben wirklich eine schöne, schlanke Figur«, wird das weggefiltert, weil Sie sich innerlich als jemanden sehen, der eine schreckliche Figur hat.

Vor einigen Jahren erlebten wir in einer unserer Therapiegruppen ein drastisches Beispiel für solch eine verzerrte Selbstwahrnehmung. Wir sprachen der Reihe nach über Bilder, die wir uns selbst von unserem eigenen Körper machen, und eine der Frauen sagte, als sie an der Reihe war: »Nun, ich sehe mich selbst als dick und voller Pickel.« Daraufhin brach die ganze Gruppe in schallendes Gelächter aus, denn sie war etwa 172 cm groß und schlank wie ein Mannequin, hatte wunderschönes langes Haar und eine reine Haut. Was war passiert? Als junges Mädchen war sie tatsächlich dick und voller Pickel gewesen. Andere hatten ihr zu verstehen gegeben, wie wenig attraktiv sie war – wahrscheinlich auf sehr grausame Art und Weise. Dieses innere Bild, das sie von sich selbst hatte, änderte sich auch dann nicht, als sie sich veränderte. Hatte ihr denn in der Zwischenzeit niemand gesagt, daß sie schön und schlank war? Ich bin ziemlich sicher, daß man es ihr gesagt hatte. Aber ihr Filter hatte diese Komplimente erfolgreich weggefiltert.

Von Vergleichen loskommen

Es gibt einen weiteren Faktor, der dafür sorgt, daß wir ausschließlich um unsere Begrenzungen kreisen: die Neigung, uns mit anderen zu vergleichen. Es gibt vermutlich keine Gewohnheit, die unser Selbstwertgefühl dermaßen erfolgreich zerschlägt, wie die Gewohnheit, die Menschen um uns herum abzuschätzen, um zu sehen, wie wir im Vergleich wegkommen. Es ist, als hätten wir eine Radarantenne in unserer Stirn, die ständig auf der Suche ist nach jemandem, der schneller, brauner oder intelligenter ist als wir. Und wenn wir manchmal entdecken, daß das der Fall ist, sind wir am Boden zerstört.

Es ist ziemlich dumm, unsere Selbsteinschätzung auf den Vergleich mit anderen zu gründen, denn wir begeben uns damit quasi auf eine Berg-und-Tal-Bahn. Angenommen, wir sind gerade ziemlich zufrieden mit unserem Aussehen. Aber dann treffen wir jemanden, der ausgesprochen gut aussieht, und plötzlich fühlen wir uns häßlich und möchten am liebsten verschwinden. Oder vielleicht wissen wir, daß wir überdurchschnittlich intelligent sind. Aber zufällig essen wir mit Leuten zu Mittag, die noch intelligenter sind, und schon klingt jedes Wort, das unseren Mund verläßt, wie intellektueller Bodensatz.

Einige von uns sind mit älteren Brüdern und Schwestern aufgewachsen, denen wir unbedingt nacheifern wollten. Aber das war natürlich von Anfang an zum Scheitern verurteilt. Denn ganz gleich, wie sehr wir versuchten, sie einzuholen – immer waren wir kleiner, ungeschickter und dümmer als sie. Und als sie sich über uns lustig machten – und das tun (fast) alle älteren Geschwister –, lernten wir, uns selbst zu kritisieren. Bei vielen wurde das zu einer lebenslangen Gewohnheit.

Aber Gott hat uns nicht erschaffen, damit wir so sind, wie unsere Geschwister oder sonst irgend jemand. Wir sind absolut einzigartig. Wir sind das Produkt von 23 Chromosomen von unserer Mutter und 23 Chromosomen von unserem Vater, und die Genetiker sagen, daß die Chancen, daß unsere Eltern ein weiteres Kind bekommen, das so ist wie wir, 1 : 102 000 000 000 stehen. Die Kombination von Eigenschaften, die uns ausmachen, wird sich nie wiederholen. Wenn das stimmt, und wenn es stimmt, daß wir von Gott geschaffen sind – ein Original, von Meisterhand gemacht –, dann ist die Erforschung und Entwicklung dieser Einzigartigkeit etwas, was höchste Priorität hat.

Unser Wert als Person wird nicht geringer, wenn wir zufällig mit anderen zusammen sind, die bessere Musiker oder berühmter oder reicher sind als wir. Und er wird auch nicht dadurch gesteigert, daß wir uns gerade in der Gesellschaft anderer befinden, die weniger vielseitig und vollendet sind. Die Bibel lehrt, daß wir einen Wert haben, der vollkommen unabhängig von der Existenz irgendeines anderen Menschen ist. Wir besitzen Wert, weil wir Gottes einzigartige Schöpfung sind.

Der chassidische Rabbi Zuscha wurde auf seinem Sterbebett gefragt, wie er sich das Königreich Gottes vorstelle. Er erwiderte: »Ich weiß nicht. Aber eines weiß ich. Wenn ich dort ankomme, werde ich nicht gefragt werden: ›Warum warst du nicht Mose? Warum warst du nicht David?‹ Ich werde nur eines gefragt werden: ›Warum warst du nicht Zuscha? Warum warst du nicht alles, was du bist?‹«

Vor mehr als 2 300 Jahren meinte der griechische Philosoph Aristoteles, daß jeder Mensch mit einer einzigartigen Kombination von Begabungen geboren würde, die danach verlangten, entwickelt zu werden, so, wie die Eichel sich danach sehnt, zu der Eiche zu werden, die in ihr steckt. Sidney Poitiers Eltern hatten vermutlich niemals von den Gedanken des Aristoteles gehört. Aber sie trugen diese Wahrheit im Herzen und lehrten ihre Kinder ein Selbstvertrauen, das sich einfach weigerte, eine Niederlage hinzunehmen, nur weil sie an die eigenen Grenzen stießen.

»Ich war ein Produkt eines Kolonialsystems«, sagt Poitier, »das auf die Psyche nicht-weißer Menschen einen sehr schädlichen Einfluß hatte. Je dunkler man war, um so weniger Chancen bekam man … Meine Eltern waren sehr, sehr arm, und nach einer Weile beginnt die Psychologie der Armut, die Gedanken durcheinanderzubringen. Das Resultat war, daß ich einen unglaublichen Stolz entwickelte – einen Stolz, der mir von meinen Eltern Evelyn und Reggie, aber hauptsächlich von Evelyn, beigebracht wurde. Sie entschuldigte sich nie dafür, daß sie meine Hosen aus Mehlsäcken nähen mußte. Ich hatte immer die Worte ›Imperial Flour‹ quer über meinem Allerwertesten stehen. Sie sagte immer: ›Hauptsache, es ist sauber.‹ Und wegen dieser Frau – und wahrscheinlich für diese Frau – wollte ich immer jemand Außergewöhnliches sein.«

Mach das Beste aus dem, was du hast

Wir alle haben Schwächen. Das Geheimnis liegt darin, herauszufinden, was sich verbessern läßt, und dann an diesen Dingen zu arbeiten und die anderen zu vergessen. Einige von uns werden beispielsweise in Mathematik niemals so gut werden wie andere. Worauf es ankommt, ist, daß wir aufhören, uns selbst niederzumachen, weil wir bei Mathematik-

aufgaben nicht so schnell sind, und statt dessen jene Dinge zu entwickeln, in denen wir gut sind. Jesu Gleichnis von den Talenten bringt
uns zu dem unausweichlichen Schluß, daß die Verteilung der Gaben auf
dieser Welt nicht unsere Sache ist. Wir haben die Verantwortung, die
Talente, die wir bei uns entdecken, zu nehmen und mit großem Eifer das
Bestmögliche aus ihnen zu machen.

Nehmen Sie zum Beispiel den Fall von Yoshihiko Yamamoto aus
Nagoya City in Japan. Als er sechs Monate alt war, erfuhren seine Eltern, daß er an einem Hydrozephalus litt, einer anormalen Ansammlung
von Flüssigkeit im Gehirn. Die Ärzte sagten den Eltern, daß ihr Kind
sehr wahrscheinlich geistig zurückgeblieben sei. Angesichts der
Tatsache, daß seine Fähigkeit zu sprechen durch einen Verlust des Hör-
vermögens stark eingeschränkt war und sein IQ bei keinem Test über 47
% lag, hätte man meinen können, seine Zukunft sei sehr trostlos.

Aber dann bekam er einen neuen Sonderschullehrer. Takashi Kawasaki mochte seinen neuen, höflichen Schüler. Allmählich begann der
Junge, im Unterricht zu lächeln und er lernte langsam, die Buchstaben
von der Tafel abzuschreiben und seinen Namen zu schreiben. Er verbrachte Stunden damit, Cartoons aus Büchern und Zeitschriften ganz
genau abzuzeichnen.

Eines Tages fertigte Yamamoto eine exakte Zeichnung des Nagoya-
Schlosses an. Die klaren Linien des Bildes erinnerten seinen Lehrer an
einen Druck. Er ließ den Jungen seinen Entwurf auf einen Holzklotz
übertragen und ermutigte ihn, sich auf die Herstellung von Drucken zu
konzentrieren. Schließlich reichte Kawasaki einige von Yamamotos
Drucken für einen Kunstwettbewerb in Nagoya City ein, und er gewann
den ersten Preis. Heute kaufen Bankiers und Ladeninhaber die Werke
des Schülers, um damit ihre Wände zu schmücken. Yamamoto braucht
immer noch einen sehr geordneten Tagesablauf, und sein Terminplan
ändert sich nie. Er steht jeden Morgen um 7.00 Uhr auf, macht sein
Bett, frühstückt um 7.40 Uhr und fährt um 8.00 Uhr mit dem Bus zur
Schule, in der er in sein Bildertagebuch schreibt und dann an seinen
Drucken arbeitet. Mittags geht er in das Einkaufszentrum, kauft sein
Lieblingsbrot als Mittagessen und ist pünktlich um 13.00 Uhr wieder in
der Schule an seinen Drucken. Um 17.00 Uhr geht er nach Hause, ißt
Abendessen, sieht fern und geht immer zur gleichen Zeit zu Bett.

Ist es wichtig, daß Yoshihiko Yamamoto keinen sehr hohen IQ hat oder daß es in seinem Leben Einschränkungen gibt? Nein, wichtig ist, daß er aus dem, was er hat, das Beste macht. Statt sich wie gebannt auf seine Einschränkungen zu konzentrieren, hat er aus seinen Möglichkeiten Kapital geschlagen.

Kapitel 2

Entdecken Sie Ihr inneres Wesen

Dann werdet ihr die Wahrheit erkennen,
und die Wahrheit wird euch befreien.
– Johannes 8,32 –

Kannst du Einsamkeit heilen?« fragte Charlie Brown seine verehrte Freundin Lucy, die sich hinter ihrem Stand mit der Aufschrift »Psychiater, 10 Pfennig« herumlümmelte.

»Ich kann alles heilen«, versicherte sie ihm.

»Kannst du abgrundtiefe, rabenschwarze, hoffnungslose Einsamkeit heilen?«

Woraufhin sie fragte: »Alles für denselben Groschen?«[1]

Einige von uns, die in der Seelsorge tätig sind, fühlen sich manchmal ein bißchen wie Lucy. Unsere Klienten haben tiefsitzende und seit langem bestehende Probleme, und einfache Antworten reichen schlicht nicht aus.

Es ist zum Beispiel zu einfach, Menschen, denen es an Selbstwertgefühl mangelt, zu sagen, sie sollten »sich selbst lieben«. Zum einen haben die meisten von uns Eigenschaften, die wir nicht lieben können, Dinge, die wir ändern wollen. Und zum anderen setzen wir voraus, daß sie ihr inneres Wesen kennen, wenn wir ihnen sagen, sie sollten sich selbst lieben – und das ist eine gefährliche Annahme. Freud hat zweifelsfrei bewiesen, daß vieles von unserem Verhalten von *unbewußten* Mechanismen bestimmt wird. Auch legte er dar, daß wir in bezug auf die Dinge in unserem Innern, die uns zu einem bestimmten Handeln oder Verhalten antreiben, von bemerkenswerter Unwissenheit sind. Das Wissen um uns selbst ist demnach ein wesentlicher Teil unseres Selbstwertgefühls.

Die Klienten, die zu mir kommen, erwarten oft, daß ich ihnen Anweisungen gebe. Aber ich versuche ihnen klarzumachen, daß ich eher die Funktion eines Spiegels habe, und nicht so sehr die eines Ratgebers. Ich sage den Leuten, daß das Wichtigste, was sie aus unseren Sitzungen mitnehmen können, nicht das ist, was sie mich sagen hören, sondern das, was sie sich selbst sagen hören. Indem sie ihre Geschichte erzählen, können sie einige bemerkenswerte Entdeckungen über sich selbst machen. Und das sollte man nicht gering schätzen, denn wenn man Selbsterkenntnis gewinnt, ist man der (Wieder-)Entdeckung der Freude ein gutes Stück näher gekommen.

Die zweite Grundlage für die Entwicklung von Zuversicht lautet also:

> *Entscheiden Sie sich, herauszufinden,*
> *wer Sie wirklich sind.*

Wenn ich mit neuen Klienten eine Therapie beginne, frage ich sie oft, was sie bräuchten, um glücklich zu sein. Manchmal formuliere ich meine Frage folgendermaßen: »Wenn Sie unbegrenzte finanzielle Möglichkeiten hätten und Ihr Leben so führen könnten, wie Sie es wollten, wie würden Sie es dann gestalten?« Die meisten grinsen erst einmal und reden davon, daß sie an irgendeinem Strand in der Karibik liegen und immer Urlaub machen würden. Aber sie stimmen mir dann schnell zu, daß das schon nach kurzer Zeit langweilig werden würde. Wie würden sie also leben wollen? Häufig sind sie bemerkenswert unfähig, diese Frage weiter zu beantworten, was bedeutet, daß sie ihre eigenen Wünsche, Träume und Vorlieben überhaupt nicht kennen. Sie sind unglücklich und wissen, daß sie unglücklich sind, aber sie haben in ihrem Leben ihre eigenen Gefühle schon so lange unterdrückt, daß andere Informationen als die negativen nicht einfach abgefragt werden können.

»Ich war noch nie eine Schönheit«, sagte Golda Meir, als sie Premierministerin von Israel war. »Es gab eine Zeit, wo mich das traurig machte – als ich alt genug war, um die Bedeutung dieser Tatsache zu verstehen und immer, wenn ich in den Spiegel schaute, erkannte, daß ich niemals schön sein würde.«

Wie überwand Golda Meir diese Minderwertigkeitsgefühle? »Ich entdeckte, was ich in meinem Leben tun wollte«, schreibt sie, »und seitdem war es für mich nicht mehr wichtig, schön genannt zu werden.« Sie fährt fort zu erklären, daß der Mangel an Schönheit in mancher Hinsicht ein versteckter Segen war – er zwang sie, ihre inneren Qualitäten zu entwickeln. Aber der Schlüssel liegt zweifellos in ihrer Bemerkung: »Ich entdeckte, was ich in meinem Leben tun wollte.« Leider haben viele Menschen, mit denen ich arbeite, so lange ohne Berührung mit dem Kern ihrer Persönlichkeit gelebt, daß sie keine Ahnung haben, was sie gern täten und wären.

Warum wir den Kontakt zur Wahrheit über uns selbst verlieren

Wie kommt es, daß wir uns selbst so wenig kennen, daß wir so losgelöst von unserem inneren Wesen sind? Nehmen wir ein einfaches Beispiel, das ich Dr. Neil Warren verdanke. Es ist Samstag und ein dreijähriger Junge spielt auf dem Gehweg, während sein Vater in der Einfahrt das Auto wäscht. Zwei etwas ältere Jungen spielen auf der anderen Straßenseite. Der Junge hätte nie den Mut, hinüberzugehen und die zwei zu fragen, ob sie mit ihm spielen würden. Aber er möchte ihnen imponieren, und so macht er ein paar gewagte Manöver mit seinem Tretauto, die schließlich dazu führen, daß er von seinem Tretauto auf den Gehweg fällt. Als er sieht, daß er sich die Ellbogen aufgeschrammt hat, beginnt er zu weinen. Der Papa schämt sich ein wenig, weil sein Sohn so ungeschickt war und jetzt so sehr weint, daß die älteren Jungen auf der anderen Straßenseite lachen. Seine Stimme klingt gereizt, als er sagt: »Komm schon, hör auf zu weinen. So schlimm hast du dir gar nicht weh getan. Sei ein Mann.«

Der Junge bemüht sich sehr, seiner Verwirrung Herr zu werden: Mir ist ganz arg zum Weinen zumute. Ich habe bisher immer geweint, wenn ich mir wehgetan habe. Aber Papa freut sich nicht, wenn ich weine. Das nächste Mal sollte ich besser versuchen, nicht zu weinen.

Also lernt der Junge, die Zähne zusammenzubeißen und so zu tun, als gäbe es seine Gefühle nicht. Der Prozeß des Leugnens beginnt. Ein kleines Mädchen zeigt deutlich, daß es einen Verwandten nicht mag oder ihren Bruder »haßt«, und die Mutter sagt ihr, daß solche Gefühle schrecklich sind. Ein Kind platzt voll Begeisterung und Aufregung in ein Zimmer und hört von dem gereizten Vater: »Reg dich ab! Was ist denn mit dir los?« Nachdem das Kind viele hundert Male solche Botschaften gehört hat, lernt es, daß man nicht all seinen Impulsen folgen darf und oft seine Gefühle ignorieren muß, wenn man im Leben zurechtkommen will.

Identitäten ausprobieren

Eine ähnliche Unterdrückung kann während der Jugend geschehen, wenn die meisten von uns unterschiedliche Persönlichkeiten ausprobieren und wieder ablegen, als würden sie in einem Bekleidungsgeschäft Kleidungsstücke anprobieren. Wenn man uns dabei erwischt, wie wir eine seltsame Identität ausprobieren, kann das heftige Reaktionen auslösen.

Einer meiner Freunde wartete an einer Kreuzung auf grün, als eine Gruppe Mädchen, die meisten von ihnen etwa 13 Jahre alt, vor seinem Wagen die Straße überquerten. Sie trugen die Schuluniformen einer der örtlichen privaten Oberschulen. Eines der Mädchen rief ihm im Vorbeigehen zu: »He, Süßer, hast du Lust auf ein bißchen Sex?« Dann kicherte sie und rannte, um ihre Freundinnen einzuholen, die lachend am Straßenrand standen und zusahen. Mein Freund meinte, es sei vielleicht eine Mutprobe gewesen. Oder, was noch wahrscheinlicher ist, sie hatte nur mit einer völlig anderen Persönlichkeit experimentiert, um zu sehen, wie sie sich dabei fühlte, und dieses Verhalten danach wahrscheinlich nie wieder an den Tag gelegt. Cynthia Heimel sagt: »Das herausragendste Merkmal 14jähriger Mädchen ist, daß sie keine herausragenden Merkmale besitzen. Sie sagen und denken alle dasselbe. Sie rennen wild los in Richtung Individualität, bekommen es mit der Angst zu tun und laufen zitternd zurück unter Mamas Fittiche.«

Normalerweise ist dieses Experimentieren gesund, vorausgesetzt, die Eltern verstehen, daß ihre Kinder kein klares Gefühl ihrer Identität besitzen. Heimel sagt: »Ihre Persönlichkeit ist noch ein formloser Klecks. Eine 14jährige ist sich vielleicht vage bewußt, daß sie Biologie lieber mag als Geschichte, aber das ist auch schon alles. Sie befindet sich noch in der Mauser.«

Aber nehmen wir einmal an, die Eltern jenes Mädchens, das vor dem Auto meines Freundes vorbeilief, erfahren durch andere Eltern von ihrer kleinen Eskapade und sind entsetzt. An jenem Abend sagen sie zu ihr: »Wir können gar nicht glauben, daß du das getan hast. Wir hatten keine Ahnung, mit was für einem schrecklichen Mädchen wir es zu tun haben. Was war los mit dir?« Und dabei hatte sie nur eine Identität ausprobiert, die sie inzwischen längst wieder verworfen hatte, weil sie nicht zu ihr paßte.

Sehr strenge Eltern können uns mit der Vorstellung infizieren, daß wir »schreckliche« Gedanken und Gefühle haben und uns so mit panischer Angst vor unserem Innenleben erfüllen. Wir gelangen zu dem Schluß, daß unsere Gefühle unter Kontrolle gebracht und die meisten von ihnen, soweit möglich, beseitigt werden müssen. Das Ergebnis ist, daß wir lernen, unsere Gefühle zu leugnen, und das bedeutet, daß wir sie nicht mehr empfinden.

Natürlich ist es nötig, daß Kinder bis zu einem gewissen Grad lernen, ihre Gefühle zu beherrschen. Wir können uns in der Gesellschaft nicht wie Schimpansen verhalten. Aber der Prozeß der Sozialisierung birgt auch Gefahren, denn auf diese Weise lernen wir, unser inneres Wesen abzulehnen.

Mut im Hinblick auf unsere Unvollkommenheiten

Ich will damit nicht sagen, daß wir in unserem Innern alle unschuldige Schönheiten sind und die anderen uns nur erlauben müßten, uns zu entfalten. Es ist ein Zeichen von Gesundheit, wenn man in der Lage ist, die eigenen, negativen Aspekte zu akzeptieren, dem, was Jung »unsere Schattenseiten« nannte, direkt ins Auge zu sehen. Das Problem einiger populärer psychologischer Strömungen und positivistischer Religionen ist, daß sie die Menschen ermutigen, ihre Gaben zu ergreifen, sich selbst zu feiern und positiv zu leben, ihnen aber keinerlei Hilfestellung bieten, um sich dem Negativen, das in uns allen wohnt, zu stellen.

Die Urgemeinde dagegen gab sich im Hinblick auf die menschliche Natur keinerlei Illusionen hin. »Wenn wir sagen, daß wir keine Sünde haben, führen wir uns selbst in die Irre, und die Wahrheit ist nicht in uns« (1 Joh 1,8). Dieser Text zeigt sehr deutlich: Es ist einer der Schritte auf dem Weg zur Ganzheit, daß wir uns den dunklen Seiten in uns stellen, anstatt sie unter den Teppich zu kehren und so weiterzumachen, als gäbe es sie nicht.

Jemand hat einmal gesagt, das einzige Gefühl, das uns verletzen könne, sei das Gefühl, das wir unterdrücken. Unsere Schattenseite zu unterdrücken bedeutet, daß wir ihr die größte Macht über uns geben. Martin Buber hat gesagt, daß das Gute nicht durch das Ablehnen oder Überwinden des Bösen vermehrt werden kann, sondern durch die offene Verwandlung des Bösen, den Gebrauch seiner Energie und Leidenschaft im Dienste des Guten. Es gibt eine Läuterung und Befreiung, die dann geschieht, wenn wir das in uns, was wir fürchten, beim Namen nennen.

Nehmen wir ein einfaches Beispiel: Wenn meine Klienten über einen Bruder oder eine Schwester sprechen, der oder die erfolgreicher ist als sie selbst, frage ich oft: »Sind Sie neidisch? Beneiden Sie Ihre Schwester um das, was sie hat?«

»Oh nein, ich freue mich für sie. Sie ist meine Schwester und ich liebe sie. Nein, ich bin stolz, daß sie so viel erreicht hat.«

Aber die Worte klingen nur wenig überzeugend und so, als sei dies eine stereotype Antwort.

»Sind Sie sicher?« frage ich dann vielleicht. »Wären Sie nicht auch gern so erfolgreich oder noch erfolgreicher, als sie es ist? Kommt es nicht ab und zu vor, daß Sie sich über sie ärgern?«

Daraufhin kommt ein langer Blick in mein Gesicht, um zu prüfen, ob sie mir vertrauen können und um zu prüfen, ob sie das, was sie sagen wollen, wirklich so meinen. Und dann kommt es heraus:

»Naja, vielleicht haben Sie ja recht. Es stimmt, wenn die Familie zusammenkommt, dann ärgert es mich, daß jeder solch ein Aufhebens um sie macht. Ich schäme mich, das sagen zu müssen, denn sie ist so gut und hat für das, was sie hat, so hart gearbeitet – aber ja, ich bin neidisch.«

Ich-Bewußtsein kontra Genußsucht

Daß wir die Existenz bestimmter Wünsche und Impulse anerkennen, bedeutet nicht, daß wir stolz auf sie sind oder vorhaben, ihnen freien

Lauf zu lassen. Im Gegenteil, vielleicht sagen wir über einen bestimmten Charakterzug oder die Erinnerung an ein beschämendes Ereignis in der Vergangenheit: »Ich bin nicht froh darüber, daß es existiert, und ich habe vor, einiges daran zu ändern, aber ich erkenne an, daß es da ist.« Einigen mag solch ein Schritt elementar oder vielleicht sogar unnötig erscheinen, aber ich habe im Laufe meiner Arbeit entdeckt, daß es ein gewaltiges Maß an Ableugnen in uns gibt.

Wenn ich manche Klienten ermutige, die starke Kontrolle, die sie über sich selbst ausüben, zu lockern, um ihren Schmerz zu fühlen oder um Gefühle wie beispielsweise Wut oder Ablehnung anzunehmen, antworten sie häufig, daß es ihnen nicht helfen würde, sich selbst zu bemitleiden. Aber die Entdeckung der eigenen Gefühle ist etwas anderes als Selbstmitleid. Die Entdeckung und Benennung der eigenen Gefühle ist das Gegenteil von Selbstmitleid, denn sie erfordert häufig großen Mut und Ehrlichkeit. Nathaniel Branden arbeitet diesen Unterschied sehr deutlich heraus:

>»Sich selbst zu bemitleiden bedeutet, nichts zu tun, um mit dem eigenen Leid fertigzuwerden oder es zu verstehen. Es bedeutet, daß man darüber klagt, aber einer Konfrontation damit aus dem Wege geht. Und es bedeutet, sich in Gedanken und Äußerungen über die Grausamkeit des Lebens zu ergehen, über die Sinnlosigkeit aller Bemühungen, die Hoffnungslosigkeit des eigenen Dilemmas. Die Worte: ›Im Augenblick fühle ich mich hoffnungslos‹ sind kein Selbstmitleid. Die Worte: ›Meine Lage ist hoffnungslos‹ sind (für gewöhnlich) Selbstmitleid. Im ersten Fall beschreibt man ein Gefühl, im zweiten macht man eine Aussage über angebliche Tatsachen. Die Beschreibung von Gefühlen, wie schmerzhaft sie auch sein mögen, kann therapeutisch wirken. Aussagen über angebliche Tatsachen in bezug auf das Leben oder die Welt, die ausschließlich von den eigenen schmerzlichen Gefühlen jenes Augenblicks motiviert sind, wirken in der Regel selbstzerstörerisch. Im ersten Fall übernimmt man Verantwortung – die Verantwortung, Dinge wahrzunehmen. Im zweiten Fall gibt man die eigene Verantwortung auf und ergibt sich der Passivität.«[2]

Begegnung mit dem Unbewußten

Wenn wir uns selbst gut kennen wollen, müssen wir sowohl unser unbewußtes als auch unser bewußtes Selbst erkunden. Ich selbst begann erst mit über dreißig Jahren eine Therapie, und ich habe mich ihr nur deshalb unterzogen, weil meine äußeren Umstände so sehr aus den Fugen geraten waren, daß mir keine andere Wahl blieb. Ich habe mich mit Händen und Füßen dagegen gewehrt, und selbst nachdem ich die Therapie begonnen hatte, wechselte ich mehrmals den Therapeuten.

Einer der Ärzte sagte: »McGinnis, Sie sind der therapie-resistenteste Patient, den ich je behandelt habe.« Ein Psychiater schlug mir vor, das Unbewußte zu erforschen, und auch das lehnte ich ab. Die Möglichkeit, irgendwelche Perversionen oder irgendein beschämendes Ereignis aus der Vergangenheit zu entdecken, gefiel mir überhaupt nicht. Aber schließlich willigte ich ein.

Als wir bereits mehrere Monate lang Sitzungen gehabt hatten, dachte ich: Es funktioniert nicht. Er entdeckt keine unterdrückten Traumata aus der Kindheit oder irgendein schlimmes Erlebnis, das ich in mir begraben habe. Und in der Tat – bei unseren »Ausgrabungen« kam nichts Aufregendes zu Tage. Aber etwas Seltsames geschah. Während ich dem Therapeuten von den Bildern berichtete, die mir durch den Kopf huschten, traten mir auf einmal Tränen in die Augen, und es war offensichtlich, daß wir jetzt Kontakt mit meinem tieferen Selbst hatten, von dem ich im alltäglichen Leben keine Ahnung hatte.

Erst ein Jahr nach Ende der Therapie erkannte ich allmählich, was für einen großen Gefallen der Therapeut mir getan hatte. Er hatte keinen Schlüssel für meine gegenwärtigen Probleme gefunden, indem er in mein Unbewußtes vorgedrungen war – statt dessen hatte er etwas weit Wichtigeres getan: Er half mir, keine Angst mehr vor meinem Unbewußten zu haben. Ich mochte nicht alles, was wir dort entdeckten. Aber er half mir, einen Korridor zwischen dem Bewußten und dem Unbewußten zu öffnen, und die beiden Teile meines Wesens waren einander nicht mehr feind. Ich investierte nicht mehr so viel emotionale Energie, um Dinge zu unterdrücken. Statt dessen begann ich, auf diese innere Welt zu hören und tiefere Ströme zu nutzen.

Das Wesen des Unbewußten

Freud, ein erklärter Atheist, predigte unentwegt, daß das Unbewußte geöffnet werden müsse, wenn wir seelische Gesundheit entdecken und besser für das Leben gerüstet sein wollten. Aber für ihn war die Enthüllung des Unbewußten wie das Abnehmen des Deckels von einem Klärbehälter. Darin lag eine dunkle, stinkende Welt verborgen, die von aggressiven Tendenzen und sexuellen Verirrungen dominiert wurde.

C. G. Jung dagegen war viel optimistischer. Er war der Meinung, daß man, wenn man das Unbewußte völlig bedeckt gehalten hat, in der Tat an der Oberfläche auf eine Schicht mit dunklem Material stößt. Aber hat man das erst einmal abgeschöpft, ist die Welt des Unbewußten ein schöner Ort – die Quelle aller Kreativität, einschließlich der Kunst und Musik. Ja, Jung glaubte sogar, daß wir Gott hauptsächlich im Unbewußten begegnen.

Diese optimistische Sicht motivierte Jung, seine eigene Psyche zu ergründen und sorgfältig auf die Regungen jenes riesigen Kontinentes in seinem Inneren zu achten. Jung achtete sorgfältig auf seine Träume und wurde nie müde, in das, was er als sein »zweites Selbst« bezeichnete, hineinzusehen. Selbst, als er ein alter Mann war, hörte er damit nicht auf. 1959 bat ihn John Freeman nach einer vielbeachteten Interviewserie, die von *BBC Network* ausgestrahlt wurde, ein Buch zu schreiben, das für Laien bestimmt wäre. Jung wandte ein, daß er zu alt und seine Karriere als Schriftsteller beendet sei.

Eines Abends, kurz nach der Unterhaltung, hatte er einen Traum, in dem er, anstatt zu Doktoren und Ärzten zu sprechen, auf einem öffentlichen Platz stand und zu einer großen Menschenmenge sprach, die mit großer Aufmerksamkeit zuhörte und verstand, was er sagte. Zwei Wochen später änderte er seine Meinung und entschloß sich, das Buch zu schreiben. Das Ergebnis war »Der Mensch und seine Symbole«. Als Jung sein Manuskript beendet hatte, war es, als habe er sein Lebenswerk vollendet. Nach wenigen Monaten starb er.

Auch die Bibel schenkt Träumen große Aufmerksamkeit, und wir müssen in unserer Diskussion hier daran denken, daß das, was jetzt als »das Selbst« bezeichnet wird, einst »die Seele« genannt wurde, und daß die Entdeckung des Unbewußten nicht erst mit Freuds Veröffentlichung von »Die Traumdeutung« begann. Jung, dessen geistliche Reise ein lebenslanges Abenteuer war, stand den Denkern und Propheten der Bibel in vieler Hinsicht nahe. Und er war bereit, unermüdlich sein Unbewußtes anzuregen, um die Wahrheit über sich selbst zu erfahren.

Vorschläge für die Erkundung des inneren Selbst

Ich möchte betonen, daß man nicht unbedingt einen Therapeuten braucht, um sich selbst zu entdecken. Freud und Jung analysierten sich selbst, und viele von uns können dasselbe tun. Hier nun einige einfache Vorschläge, wie man mehr über sich selbst erfahren kann.

1. Führen Sie ein Tagebuch

Eine mögliche Hilfe bei der Selbstanalyse ist der Einsatz eines persönlichen Tagebuchs. Dr. Gordon MacDonald, der Präsident der *Inter-Varsity Christian Fellowship*, spricht von der Wichtigkeit, diese geistliche Disziplin zu üben: »Viele Jahre lang habe ich ein Tagebuch geführt, in das ich täglich eintrug, was ich tat, warum ich es tat und was das Ergebnis davon war. Allein die Tatsache, daß ich es zu Papier bringe, zwingt mich, mir die Frage zu stellen, was in meinem Leben vor sich geht.« Dieses Hilfsmittel wird ein gewisses Maß an Objektivität sicherstellen, denn wenn wir uns unser Leben und unsere Gefühle auf dem Papier betrachten, fällt es uns leichter, unsere Fehler zu sehen und die Bereiche, in denen wir uns selbst betrügen.

Elizabeth O'Connor, deren Bücher exzellentes Material über die »innere Reise« enthalten, macht im Hinblick auf das Führen eines Tagebuchs folgenden Vorschlag:

»Führen Sie es für sich selbst und für Ihre eigenen Augen, damit Sie es ohne innere Hemmungen schreiben können. Lassen Sie es eine Beschreibung Ihrer inneren Welt und dessen sein, was dort geschieht. Schreiben Sie dort alle Gefühle, deren Sie sich bewußt sind, nieder – Gefühle der Liebe und des Hasses und der Angst. Schließen Sie auch das mit ein, was Sie bei Ihren Meditationen entdecken. Schreiben Sie Ihre Gebete in dieses Tagebuch, die Dinge, die Sie sich fest vornehmen, Ihre kleinen Selbstgespräche, Ihre

Träume, Ihre Phantasien, Ihre Reaktionen auf Ereignisse und Menschen. Führen Sie es so, daß es sowohl Ihre geistliche als auch Ihre psychologische Odyssee wiedergibt ...

Wenn Sie zurückschauen und es lesen, werden Sie entdecken, daß es hilfreich wäre, sich in Zeiten der Meditation mit bestimmten Themen und Fragen, die immer wieder auftauchen, ausführlicher zu beschäftigen. Ihr Tagebuch ist eine weitere Art des Dialogs mit Ihren vielen Selbsts.« [3]

Aber denken Sie daran, daß eine Methode wie diese nicht bei jedem funktioniert. Und wenn Sie mit einem Tagebuch experimentiert haben und merken, daß es Ihre Selbsterkenntnis nicht verbessert, dann vergessen Sie diesen Vorschlag einfach.

2. Sorgen Sie dafür, daß Sie Zeit für sich allein haben

Der kanadische Pianist Glenn Gould glaubte, daß man »für jede Stunde, die man in der Gesellschaft anderer Menschen verbringt, X Stunden braucht, die man alleine ist. Ich weiß zwar nicht genau, für welche Zahl genau das X steht; es könnte zwei sein und sieben Achtel oder sieben und zwei Achtel, aber es ist auf jeden Fall eine bemerkenswerte Zahl.«

Das Leben bedeutender Persönlichkeiten in der Vergangenheit ist von Einsamkeit durchzogen gewesen. Jesus, der ein wirklich großes Interesse an den Armen und Bedürftigen hatte, zog sich regelmäßig zurück, um aufzutanken und zu beten. Carl Sandburg schrieb einmal über Lincoln: »In der Einsamkeit der Wildnis hatte er Gemeinschaft mit den Bäumen, dem Wetter und den wechselnden Jahreszeiten, ausgerüstet mit jenem individuellen Ein-Mann-Werkzeug, der Axt. Das Element der Stille hatte einen ungeheuren Anteil an der Entwicklung seiner Persönlichkeit.«

Wir erweisen unseren Kindern einen schlechten Dienst, wenn wir jedesmal, wenn sie über Langeweile klagen, schnell ein interessantes Fernsehprogramm suchen oder alles stehen und liegen lassen, um sie zu unterhalten. Diejenigen von uns, die vor der Zeit des Fernsehens auf dem Lande aufwuchsen, hatten das große Glück, schon früh zu lernen, daß man die Langeweile überwinden kann. Ich erinnere mich an lange heiße Tage auf dem Traktor, an denen das Lenken so langweilig war, daß man es tun konnte, ohne sich darauf zu konzentrieren. Das einzige Mittel gegen die Langeweile war, daß man das Tagträumen lernte, und dort auf dem Trecker lernte ich zum ersten Mal, was für eine Kraft darin lag, mir genau vorzustellen, was ich sein und haben und tun wollte.

3. Beachten Sie die Dinge, die Sie von anderen unterscheiden

Statt Ihre geistigen Kräfte zu verschwenden, indem Sie überlegen, wie Sie sich noch mehr der Masse anpassen können, sollten Sie Ihre Zeit besser damit zubringen, darüber nachzudenken, worin Sie sich vom »Rudel« unterscheiden möchten. Sie sollten zum Beispiel in Ihrem Tagebuch von Zeit zu Zeit eine Liste machen mit der Überschrift: »Dinge, in denen ich anscheinend anders bin als andere«. Schreiben Sie jene Vorlieben und Interessen auf, die Sie einzigartig machen.

Eine andere Möglichkeit, diesen Vorschlag in die Tat umzusetzen, ist, darüber nachzudenken, wann Sie in Ihrem Leben bisher am glücklichsten und erfolgreichsten waren. In seinem Buch *What Color Is Your Parachute?* [»Welche Farbe hat Ihr Fallschirm?«] berichtet Richard Nelson Bolles, daß viele Menschen, die versuchen, eine Entscheidung hinsichtlich einer Veränderung in ihrer beruflichen Laufbahn zu treffen, niemals eine Bestandsaufnahme ihrer bisherigen Erfahrungen gemacht und eine Rangliste jener Leistungen aufgestellt haben, die sie am glücklichsten und erfülltesten gemacht haben. Das ist ein weiteres Anzeichen dafür, daß die meisten von uns keinen Kontakt mit ihrem tieferen Selbst haben. Solche Erinnerungen, wie Bolles sie vorschlägt, können eine positive Kraft sein, ein Wegweiser, der uns zu uns selbst zurückführt.

4. Definieren Sie sich selbst immer wieder neu

Ich habe gesagt, daß wir gut daran tun, wenn wir versuchen, schriftlich niederzulegen, wer wir sind und wohin wir gehen. Aber wir sollten vorsichtig sein mit irgendwelchen dauerhaften Festlegungen. Es geht nicht, daß wir eine Liste mit charakteristischen Eigenschaften aufschreiben, sie dann beiseite legen und davon ausgehen, daß diese Liste für den Rest unseres Lebens zutrifft. Solange wir leben, werden wir uns in einem Zustand der Veränderung befinden. Die Tartarenstämme Zentralasiens hatten einen Fluch, den sie ihren Feinden entgegenschleuderten:

»Mögest du immer an einem Ort bleiben.« Es ist in der Tat ein Fluch, für immer so zu bleiben, wie wir sind. Das Leben ist nicht so sehr eine Sache des »Sich-selbst-Findens« als vielmehr ein Prozeß, in dem wir geformt werden und uns selbst formen.

Ein 36jähriger Mann sagte mir einmal: »Ich habe mich immer für schüchtern gehalten – ich, nehme an, weil meine Eltern so sind. Aber jetzt frage ich mich allmählich, ob ich tatsächlich so bin. Ich suche mehr und mehr die Gesellschaft anderer, und obwohl ich nicht der Typ bin, der auf einer Party einen Lampenschirm als Hut trägt, entdecke ich doch, daß es mir Spaß macht, mich mit einer Gruppe von Menschen zu unterhalten und mit ihnen zu lachen.« Ich bewunderte ihn, während er sprach, denn er ließ nicht zu, daß er in der Form, die seine Eltern modelliert hatten, verkalkte. Er bewegte und veränderte sich und definierte sich selbst im Laufe seines Lebens immer wieder neu.

5. Suchen Sie jemanden, dem Sie sich anvertrauen können

Es war eine bemerkenswerte Eigenschaft Jesu, daß er anscheinend eine Atmosphäre schuf, in der sich die Menschen frei fühlten, zu reden und ihre tiefsten Geheimnisse mitzuteilen. Solche Unterhaltungen sind unter anderem deshalb wertvoll, weil sie uns vor Selbsttäuschung schützen, denn wir Menschen haben eine geradezu unbegrenzte Fähigkeit zur Selbsttäuschung. Einen Menschen zu haben, der alles über uns weiß, ist eine enorme Hilfe für unsere Fähigkeit, uns selbst realistisch zu sehen.

Wenn wir jemandem alles sagen, kann uns das helfen, sehr viel über uns selbst zu erfahren. Sidney Jourard ging sogar soweit zu sagen, daß er sich selbst ausschließlich in dem Prozeß, sich einem anderen zu offenbaren, kennenlernen könne: »Ich bekomme langsam den Verdacht, daß ich selbst meine eigene Seele nicht kennen kann, es sei denn, wenn ich sie offenbare. Ich vermute, daß ich mich selbst genau in dem Augenblick ›wirklich‹ kennen werde, in dem es mir gelungen ist, mich einem anderen Menschen zu erkennen zu geben, indem ich mich ihm offenbare.«

Diese Aussage ist wahrscheinlich extrem, aber wir erfahren ohne jede Frage mehr über uns selbst, während wir reden. Ich freue mich jedesmal, wenn ein Klient gegen Ende einer Sitzung sagt: »Naja, während ich mich selbst habe reden hören, ist mir klar geworden, daß …«

Korrekte Selbsterkenntnis ist der erste Schritt zur Verbesserung unseres Selbstbildes. Uns ist beigebracht worden, vieles zu leugnen, alles im besten Licht darzustellen, unsere dunklen Seiten zu ignorieren und negative Gedanken zu meiden. Aber sich der Wahrheit zu stellen – besonders der schwierigen Wahrheit über uns selbst –, kann sowohl ein befreiendes als auch ein erfrischendes Erlebnis sein. Und allein schon die Entscheidung, die Wahrheit über uns selbst zu erfahren, ist in sich ein Akt der Selbstannahme.

Kapitel 3

Verlassen Sie die Tretmühle

Beobachte einen Mann eine Stunde lang beim Spielen, und du wirst mehr über ihn erfahren, als wenn du ein Jahr lang mit ihm sprichst.

– Plato –

Ich ging einmal zu einer Party, zu der die Gastgeberin mehrere Leute eingeladen hatte, die sich nicht kannten, und sie gab zwei Regeln für unsere Unterhaltungen bekannt. Wenn wir uns einander vorstellten, durften wir a) unseren Beruf nicht nennen und b) nicht sagen, ob wir Kinder hatten oder nicht. Es war augenöffnend zu sehen, wie unwohl wir uns bei dem Versuch fühlten, uns mit einem Fremden zu unterhalten, ohne unsere Arbeit und unsere Kinder zu erwähnen.

Es ist ohne Zweifel so, daß viele von uns sich selbst über das, was wir tun, definieren, und die Faktoren, mit deren Hilfe wir versuchen, unseren Rang in der Gesellschaft festzulegen, sind: Was für eine Art von Arbeit tun wir? Wie erfolgreich sind unsere Kinder? Wie gut geht es uns in finanzieller Hinsicht? Mit anderen Worten: Wir sind das, was wir produzieren. Das ist eine gefährliche Falle, denn das Resultat können eine Abhängigkeit von Arbeit und Habgier sein. Deshalb lautet die dritte Grundlage für die Entwicklung des Selbstwertgefühls so:

> *Unterscheiden Sie zwischen dem,*
> *was Sie sind und dem, was Sie tun.*

Wie kommt es, daß wir schon früh im Leben unseren persönlichen Wert mit unserer Arbeitsleistung verwechseln? Wir lernten, daß es nicht ausreichte, nur jemand zu sein, sondern daß wir auch eine Menge tun mußten, um akzeptiert zu werden.

Einer meiner Klienten, der in seinem Berufsleben erstaunlich erfolgreich, aber in seinem Privatleben ein Versager war, berichtet, daß er in einer Familie groß wurde, in der Arbeit das A und O war:

»Meine Eltern waren der Inbegriff eines Ehepaars mit einer puritanischen Arbeitsmoral. Sie gingen niemals zu Parties oder auswärts essen, führten so gut wie kein gesellschaftliches Leben und gaben der Arbeit einen extrem hohen Stellenwert.

Als meine Schwester und ich noch klein waren, bekamen wir nur wenig Streicheleinheiten. Unsere Eltern waren nicht besonders zärtlich. Sie liebten uns – das war keine Frage. Aber sie umarmten uns nicht viel und schienen zu befürchten, daß wir eingebildet werden könnten, und deshalb waren Bescheidenheit und Demut sehr große Tugenden. Deshalb lobten sie uns auch nicht viel.

Aber ich wußte, wenn ich den Rasen am Samstag besonders gut mähen würde, dann würde am Mittagstisch entweder Papa zu Mama oder Mama zu Papa sagen: ›Tom hat den Rasen heute sehr gut gemäht, nicht wahr?‹«

Ein Kind würde alles tun, um Streicheleinheiten zu bekommen, und so kann man sich leicht vorstellen, wie Tom den Rasen bearbeitete:

»Ich mähte den Rasen quer. Dann ging ich zurück und mähte ihn noch einmal längs. Und dann mähte ich ihn sicherheitshalber noch einmal schräg. Ich hätte alles getan, um nur dieses kleine bißchen Lob am Mittagstisch zu bekommen.

Als ich elf Jahre alt war, ließ mich mein Cousin in seiner Reparaturwerkstatt als Aushilfe arbeiten, und während der Sommerferien arbeitete ich jeden Tag, fegte Späne auf, erledigte Botengänge und Malerarbeiten. Ich war so arbeitshungrig, daß ich selbst mit meinen elf Jahren wahrscheinlich einen Angestellten ersetzte. Wenn Papa dann mit meinem Cousin gesprochen hatte und nach Hause kam, erzählte er Mama, wie hart ich in der Werkstatt gearbeitet hatte, und ich sonnte mich in diesem herrlichen Lob.«

Dieser junge Mann merkte, daß sein Wert unmittelbar von seiner Leistung abhängig gemacht wurde, und so wurde er natürlich ein Mensch, der sehr, sehr hart arbeitete. Er hatte immer mehrere Arbeitsstellen gleichzeitig, und als er erwachsen war, sorgte er ständig für seine Fortbildung, belegte noch mehr Kurse, erreichte weitere Abschlüsse. Aber schließlich ging der Schuß nach hinten los. Als er heiratete, ging er davon aus, daß seine Frau ihn aus den gleichen Gründen schätzte, aus denen ihn seine Mutter gemocht hatte. Deshalb führte er weiterhin das Leben eines abgehetzten Arbeitssüchtigen und ging ganz selbstverständlich davon aus, daß seine Frau wußte, warum er sich so verhielt: Alles tat er doch nur, um ihr zu gefallen. Aber das war ein fataler Irrtum, denn es stellte sich heraus, daß sie es viel lieber gehabt hätte, wenn er zu Hause gewesen wäre und ferngesehen oder einfach auf dem Sofa gesessen hätte.

»Bei ihr konnte ich einfach sein«, sagt er. »Sie liebte mich so ziemlich, wie ich war, ohne meine Anstrengungen, noch einen Abschluß zu erreichen oder einen weiteren Arbeitsstundenrekord aufzustellen. Ich wünschte, ich hätte das früher erkannt, denn dann wären wir heute vielleicht nicht geschieden.«

Selbstwertgefühl und Nettoverdienst

Ein weiterer, ähnlicher Maßstab, mit dem wir uns messen, ist unser Nettoverdienst. Das Geld, das wir besitzen, und die Art von Auto und Haus, das wir haben, zeigen oft, wie erfolgreich wir in unserem Beruf sind, und auch sie haben einen starken Einfluß auf unser ständig schwankendes Selbstwert-Barometer. Weshalb können wir uns selbst so viel besser leiden, wenn wir ein neues Auto fahren oder wenn wir Freunde einladen, damit sie sich unser neues, großzügiges (Fertig-)Haus ansehen? Oder warum fühlen wir uns unbehaglich, wenn uns die Leute in einem billigen Auto von gestern sehen? Der Grund ist, daß wir glauben, wir seien erst dann etwas wert, wenn man uns den – hart erarbeiteten – Wohlstand ansieht.

Die Superfrau

Heutzutage haben sich viele Frauen eine unmögliche Aufgabe gestellt: Sie glauben, sie müßten in der Lage sein, eine Karriere, Kinder und eine

Ehe unter einen Hut zu bringen, und zwar alles mit der gleichen Anmut und Gelassenheit. Vielleicht schaffen sie es, die grundlegendsten Dinge abzudecken, aber viele werden natürlicherweise in einigen Bereichen besser sein als in anderen.

Eine intelligente Frau, die sich sehr gut ausdrücken kann und ein sehr gutes Einkommen hat, saß kürzlich in meinem Büro und sagte: »Ich weiß, daß ich in meinem Beruf gut bin. Aber wenn ich die Tür zu meinem Büro schließe und auf der Stadtautobahn nach Hause fahre, sackt mein Selbstbewußtsein in den Keller. Ich bin ein schlechterer Koch als mein Mann, ich werde sauer auf das Baby und ich bin keine besonders gute Hausfrau. Es ist ein Wunder, daß er mich noch nicht verlassen hat.« Es stellte sich heraus, daß ihr Mann sie sehr liebt und ganz und gar nicht die Absicht hatte, sie zu verlassen. Er war stolz auf ihren beruflichen Erfolg, und das einzige, worüber er sich im Hinblick auf ihr häusliches Leben beklagte, war, daß sie sich nicht entspannen und ihre gemeinsamen Abende genießen konnte.

Zum Glück schrauben einige Frauen, die sich selbst bis zum Äußersten belasten, ihre Erwartungen an sich selbst herunter. Aber wenn sie sich für eine Karriere und gegen Kinder entscheiden, müssen sie sich häufig mit den biologischen und kulturellen Klischeevorstellungen von der idealen Frau aussöhnen, die alles tut – und zwar perfekt.

Für andere Frauen, deren Karriere ihre Familien sind, entsteht Verwirrung, wenn sie ihr persönliches Glück mit dem Erfolg ihrer Kinder verbinden. Wenn sich die Kinder gut entwickeln, sind sie erfüllt. Aber wenn ein Kind in der Schule schlecht ist oder Drogen nimmt oder sich scheiden läßt, quälen sie sich selbst mit der Frage: »Was habe ich falsch gemacht?« und versinken in Depression. Eine Frau drückte es einmal so aus: »Ich kann nie glücklicher sein als mein unglücklichstes Kind.«

Solch eine starke Identifikation unseres persönlichen Wertes mit unserer Karriere und unseren Kindern ist eine sehr rutschige Bananenschale. Nicht immer liegt unsere Karriere in unserer Hand. Was geschieht mit unserem Selbstwertgefühl, wenn die Firma, für die wir arbeiten, verkauft und unsere gesamte Abteilung aufgelöst wird? Und was geschieht, wenn wir alles nur Erdenkliche tun, um gute Eltern zu sein, und eines unserer Kinder wird zum Alkoholiker? Außerdem muß jeder irgendwann einmal in Rente gehen und das Nest muß schließlich leer werden, und wenn wir dann keine andere Basis für unser Selbstwertgefühl haben, bekommen wir ernsthaft Probleme.

Leistung und Spiritualität

Die grundlegende Lehre der Bibel, die dieses Thema beleuchtet, ist die Lehre der Gnade. Sie wird normalerweise mit dem Thema der Erlösung verbunden, aber sie hat auch eine umfassendere Bedeutung. Die Bibel läßt keinen Zweifel daran, daß wir nicht deshalb von Gott geliebt werden, weil wir uns wie wild bemühen, unsere Bibeln zu lesen, zur Kirche zu gehen, mehr zu beten und jede mögliche Sünde zu vermeiden. Im Gegenteil, die Liebe Gottes ist ein Geschenk der Gnade: »... nicht aufgrund eurer Werke, damit keiner sich rühmen kann« (Eph 1,9). Mit anderen Worten: Gott liebt uns ganz einfach bedingungslos, weil wir Gottes Kinder sind. Dr. Lloyd John Ogilvie faßt diese Lehre gut zusammen, wenn er sagt: »Nichts, was Sie tun könnten, könnte Gott dazu bringen, Sie mehr zu lieben, als er es jetzt bereits tut.«

Wie Augustinus bereits klarmachte, bedeutet das natürlich nicht, daß wir uns hinsetzen und richtige Ekel werden könnten, die sich nichts aus ihren Sünden machen – schließlich bekommen wir ja unsere Erlösung geschenkt –. Im Gegenteil, wenn Sie die Bedeutung von Gottes Gnade wirklich verstehen, dann werden Sie mit Sicherheit viel mehr ein Leben führen, das Gott Freude macht. Aber der Unterschied ist, daß Sie es als Reaktion auf Gottes Liebe tun, und nicht, um seine Liebe zu verdienen. Genauso werden Sie, wenn Sie sich wertvoll und geliebt fühlen für das, was Sie sind statt für das, was Sie tun, deshalb nicht den Rest Ihres Lebens damit zubringen wollen, am Strand von Waikiki zu faulenzen. Dieses Selbstwertgefühl wird Sie vielmehr dazu bringen, aus sich heraus mehr leisten zu wollen.

Das Syndrom der Arbeitswut

Wer niemals entdeckt hat, daß Gott ihn liebt und annimmt, neigt dazu, ein gehetzter Mensch zu werden, der sich hart rannimmt und süchtig nach Arbeit ist. Zwei Kardiologen, Meyer Friedman und Ray H. Rosenman, haben vor einigen Jahren ein faszinierendes Buch mit dem Titel *Type A Behavior and Your Heart* [»Typ A-Verhalten und Ihr Herz«] geschrieben. Ihre Forschungsarbeit über den Zusammenhang zwischen Persönlichkeitstyp und Herzerkrankungen ist inzwischen überholt, aber was sie über die Psychologie des »getriebenen« Menschen sagen, ist zutreffend. Die folgende Liste nach Friedman und Rosenman zählt einige Anzeichen dafür auf, an denen Sie erkennen können, ob Sie ein Workaholic oder Typ A-Mensch sind:

- Wenn Sie normalerweise ein unbestimmtes Schuldgefühl verspüren, wenn Sie sich entspannen und einige Stunden oder mehrere Tage lang nichts tun.
- Wenn Ihnen Urlaub Probleme bereitet.
- Wenn Sie immer in Eile sind, wenn Sie schnell sprechen, essen und gehen, wenn Sie ständig auf die Uhr sehen und sich Sorgen machen, daß Sie zu spät kommen könnten.
- Wenn Sie sich selbst dabei ertappen, daß Sie ganz nebenbei in eine Unterhaltung einflechten, wie lange Sie gestern Abend gearbeitet haben, wie früh Sie heute morgen ins Büro gekommen sind oder wieviele Ladungen Wäsche Sie diese Woche gewaschen haben.
- Wenn Sie sich mit anderen »getriebenen« Menschen, denen Sie begegnen, messen wollen. Dieser Charakterzug spricht Bände, weil niemand so schnell aggressive und/oder feindliche Gefühle in einem Typ A-Menschen erwecken kann wie ein anderer Typ A-Mensch.
- Wenn Ihre wahnsinnigen, langen Arbeitstage Streßsymptome hervorrufen, also körperliche Probleme wie Kopfschmerzen, Magengeschwüre, Bluthochdruck und ständige Erschöpfung.
- Wenn Sie alles in Zahlen ausdrücken und merken, daß Sie nicht nur Ihre eigenen, sondern auch die Aktivitäten anderer quantitativ bewerten – Arbeitsstunden, Zeitgewinn, Einkommen.
- Wenn Sie versuchen, immer mehr in immer weniger Zeit zu erledigen, und nicht nein sagen können, wenn andere Sie bitten, etwas für sie zu tun. Dieses chronische Gefühl der Dringlichkeit und Unentbehrlichkeit ist einer der zentralen Wesenszüge eines »getriebenen« Menschen.
- Wenn Sie interessante oder schöne Dinge nicht mehr bemerken und den ästhetischen und geistlichen Dingen, die Ihnen einst Vergnügen bereitet haben, entfremdet sind.

• Wenn Ihre Beziehungen leiden, weil Sie immer zu viel zu tun haben, zu sehr in Eile sind und Projekte für Sie wichtiger sind als Menschen. (Die Scheidungsrate von Menschen, auf die das Profil eines Workaholics paßt, liegt deutlich über dem Durchschnitt. Der typische Workaholic ist oft ein Mann, dessen Frau – wenn er noch eine hat – sagt: »John hat keine wirklichen Freunde. Ich bin sein einziger Freund.«)

Mehr tun, aber weniger schaffen

Ein Mensch, der arbeitssüchtig ist, ist oft nicht annähernd so effektiv, wie er oder sie gern glauben würde. Viele der Studien zeigen, daß solche Menschen mehr tun, aber weniger erreichen. Sie vermitteln den Eindruck, wie ein Wirbelwind herumzufahren und viel zu leisten, aber auf lange Sicht gesehen schaffen sie oft weniger als gelassenere Menschen. Leute, die viel erreichen, sind ergebnisorientiert, während der rastlose Mensch schlicht aktivitätsorientiert ist.

Es ist typisch für »getriebene« Arbeiter, daß ihre Karrierekurve nach einiger Zeit abflacht. Dr. Charles Garfield sagte, man könne die berufliche Laufbahn eines Arbeitssüchtigen beinahe schon vorhersagen. Sie steigen auf der Basis ihrer anfänglichen Beiträge rasch auf, dann flacht die Kurve ab, und schließlich organisieren sie die Details ihrer Karriere, statt diese Details an Menschen zu delegieren, denen sie vertrauen.

Eine weitere traurige Tatsache im Hinblick auf Menschen, die an Arbeit als Methode, ihren Wert festzulegen, gebunden sind, ist: Sie können nie ihren eigenen Maßstäben gerecht werden. Ganz gleich, wieviel sie erreichen – es ist nie genug. Diese Menschen sind auf tragische Weise gebunden: Sie können sich niemals wertvoll fühlen, wenn sie sich entspannen, und sie können niemals genug arbeiten, um ihrem Bedürfnis nach Selbstwertgefühl gerecht zu werden. Sollen wir, wenn wir sitzen, spielen, fernsehen, lieben oder einfach Spaß haben, wirklich davon ausgehen, daß wir nichts wert sind, bloß weil wir nichts leisten? Das ist eine unhaltbare Position.

Hilfe und Heilung für Arbeitssüchtige

Die folgenden Richtlinien (ein paar davon stammen von Friedman und Rosenman) sollen Ihnen helfen, die Grundlage für Ihre Identität nicht mehr in dem zu sehen, was Sie leisten.

1. Nehmen Sie eine ehrliche Bewertung Ihres eigenen Arbeitsverhaltens vor

Laut Friedman und Rosenman werden vier von fünf Typ A-Menschen leugnen, daß sie in diese Kategorie gehören, oder sie werden das Ausmaß des »getriebenen« Verhaltens, das sie an den Tag legen, herunterspielen. Es wäre vielleicht hilfreich, wenn Sie Ihre Familie und gute Freunde bitten würden, Sie anhand einiger dieser Maßstäbe einmal zu beurteilen. Sie werden doppelt davon profitieren: Es wird Ihnen eine objektivere Sicht von sich selbst vermitteln, und Sie können an den Antworten der Menschen, die Ihnen nahestehen, ablesen, ob Ihr zwanghaftes Verhalten im Begriff war, Ihre Freundschaften zu zerstören.

2. Prüfen Sie Ihre moralischen und geistlichen Prioritäten

Arbeiten Sie wie ein Wilder, weil Ihnen Ihre Arbeit wirklich so wichtig ist, oder ist diese Art des Arbeitens einfach ein Lebensstil geworden, ein gewohnheitsmäßiger Zwang, so daß es vollkommen unwichtig ist, warum sie es tun? Vielleicht könnten Sie sich ein paar Aktivitäten suchen, die im allgemeinen für bildend und aufbauend gehalten werden – zum Beispiel die Beschäftigung mit den großen Werken und Leistungen in Kunst, Musik, Theologie, Philosophie, Geschichte und Wissenschaft –, und die Ihnen helfen werden, Ihr tieferes Selbst neu zu beleben.

3. Verbringen Sie einige Zeit an der frischen Luft

Die Natur hat einen wichtigen, beruhigenden Effekt, und viel zu viele Städter leben tagelang vor sich hin, ohne das Wetter, die Farbe der Bäume oder die Bewegungen der Sterne zu bemerken. Ich glaube, wir sind alle so angelegt, daß wir jeden Tag eine Zeitlang im Freien sein sollten, und ich habe mir das Ziel gesetzt, alle paar Stunden für eine

Weile den Himmel anzusehen, sowie jeden Abend einen Bummel zu machen, um zu sehen, welche Sterne gerade am Himmel sind. Man muß nicht auf dem Lande leben, um die Natur zu genießen. Thoreau wurde einst gefragt, warum er nicht mehr weite Reisen unternähme, wo er doch ein Liebhaber der Natur sei. »Es gibt mehr Natur zwischen meiner Haustür und dem Gartentor, als ich innerhalb dieses Lebens beobachten kann«, erwiderte er.

Der melancholische Philosoph Søren Kierkegaard schrieb: »Vor allem verliere nicht deine Lust am Spazierengehen. Ich selbst spaziere jeden Tag in meine besten Gedanken hinein, und ich kenne keinen Gedanken, der so belastend ist, daß man nicht von ihm wegspazieren könnte.«

4. Beginnen Sie, Ihren Tagesablauf bewußt zu planen

Entscheiden Sie, um welche Zeit Sie mit der Arbeit aufhören und anfangen sollten, irgend etwas Schönes zu genießen. Wenn Sie jeden Tag bis 19.00 Uhr gearbeitet haben, dann haben Sie vielleicht inzwischen vergessen, warum Sie jeden Tag so lange arbeiten. Überlegen Sie, ob Ihr Tagesplan so umgestellt werden kann, daß Sie dreimal in der Woche um 17.30 Uhr nach Hause kommen. Planen Sie einige Ereignisse fest ein, wie zum Beispiel Konzerte und Besuche in einem Museum, die Sie bereichern und aus Ihrer hektischen Routine herauslösen werden.

5. Probieren Sie ein paar neue Gewohnheiten aus

In ihrem Buch über Typ A-Verhalten schlagen die Autoren vor, sich selbst neue Gewohnheiten beizubringen. Wenn Sie zum Beispiel auf das Gaspedal treten, um noch bei Gelb über die Ampel zu huschen, »bestrafen« Sie sich selbst: Biegen Sie an der nächsten Ecke rechts ab, fahren Sie zurück und überqueren Sie die Ampelkreuzung auf entspanntere Weise. Solche kleinen »Extras« werden Ihr allgemeines Tempo schon bald verändern.

6. Nehmen Sie sich Zeit für die Menschen, die Ihnen wichtig sind

Als ich die folgenden Sätze von Paul Tournier las, mußte ich, der ich immer in Eile bin, erst einmal tief durchatmen: »Wenn wir die Evange-

lien öffnen, sehen wir, daß Jesus Christus, der weit größere Verpflichtungen hatte als wir, anscheinend weit weniger in Eile war.« Er hatte
viel Zeit, um mit einer ausländischen Frau zu sprechen, die er an einem
Brunnen traf, Zeit, um mit seinen Jüngern Urlaub zu machen, Zeit, um
die Lilien auf dem Felde oder einen Sonnenuntergang zu bewundern,
Zeit, um den Jüngern die Füße zu waschen, und Zeit, um geduldig ihre
naiven Fragen zu beantworten.

7. Versuchen Sie, flexibel zu werden

Wenn Sie zum Beispiel am Abend auf der Stadtautobahn im Stau fest-
stecken und innerlich wegen dieser Verzögerung toben, sollten Sie sich
an mehrere Tatsachen erinnern: Ihr Autohersteller hat sich große Mühe
gegeben, Ihnen einen Sitz zu liefern, der wahrscheinlich nobler und
bequemer ist als der, der zu Hause auf Sie wartet. Ihr Auto hat wahrscheinlich eine Klimaanlage und ist von Stereomusik erfüllt. Sie sollten
sich also entspannen und es genießen, daß Sie Gelegenheit haben, sich
zu erfrischen, nachzudenken und Ihre emotionalen Batterien wieder
aufzuladen.

8. Erkämpfen Sie sich Zeit zum Spielen

Mit Spielen meine ich nicht das, was Männer meinen, wenn sie sagen:
»Ich arbeite hart und ich spiele hart« (eine typische Bemerkung für
einen wettbewerbsorientierten, »getriebenen« Menschen). Sie sollten sich
vielmehr Zeit nehmen, mit einem Fünfjährigen am Strand in den Wellen
zu planschen, Ihrem Hund Stöckchen zuzuwerfen und, wie Jesus dringend empfahl, im Herzen ein Kind zu werden.

9. Widmen Sie sich regelmäßig der Beziehungspflege zu Gott

Wenn ich einen Menschen näher kennenlerne, den ich bewundere, stellt
sich jedesmal heraus, daß es jemand ist, der rigoros die Gewohnheit
einer täglichen Verabredung mit Gott praktiziert. Ich fragte einmal
Dr. Louis Evans Senior, der damals Pastor der größten Presbyteriani-
schen Gemeinde der Welt war: »Was ist Ihr Geheimnis?« Ohne mit der
Wimper zu zucken, sagte er: »McGinnis, man kann nicht geben ohne zu

nehmen.« Und dann erklärte er mir, daß er jeden Morgen um 7.00 Uhr in seinem Büro eintraf und bis 11.00 Uhr keine Anrufe annahm. Diese Stunden waren dem Gebet und dem Studium gewidmet. Menschen, die, wie Emerson so prächtig ausdrückte, »aus einer großen Tiefe des Seins heraus leben«, haben sich immer Zeit genommen, um nachzudenken, auf Weisung von Gott zu hören und eine Zeitlang in dem Bewußtsein zu baden, daß wir von der Liebe Gottes eingehüllt sind.[4]

Was der ruhelose, zwanghafte Arbeiter tun muß, ist, die grundlegenden Kriterien für sein Selbstwertgefühl zu ändern: weg vom Tun und Haben zum Sein. Wir haben persönlichen Wert – nicht aufgrund dessen, was wir leisten, sondern vielmehr, weil wir Kinder Gottes sind. Wir brauchen nicht mehr, aber auch nicht weniger, um ein Gefühl persönlichen Wertes zu haben. Wenn diese Grundlage für unseren Wert gelegt ist, beginnen wir zu entdecken, was ein ausgeglichenes Verhältnis zwischen Arbeit, Spiel und Liebe ist.

Ein unbekannter Mönch in einem Kloster in Nebraska schrieb gegen Ende seines Lebens die folgenden Zeilen:

»Wenn ich mein Leben noch einmal leben könnte,
würde ich versuchen, das nächste Mal mehr Fehler zu machen.
Ich würde mich entspannen, lockerer sein,
ich wäre alberner als auf dieser Reise.
Ich würde öfter reisen. Ich wäre ausgeflippter.
Ich würde auf mehr Berge steigen, durch mehr Flüsse schwimmen
und mehr Sonnenuntergänge beobachten.
Ich würde mehr spazierengehen und mir die Gegend ansehen.
Ich würde mehr Eis und weniger Bohnen essen.
Wenn ich es noch einmal tun müßte, würde ich Ausflüge machen,
Dinge unternehmen, mit leichterem Gepäck reisen.
Wenn ich mein Leben noch einmal leben könnte, würde ich im
Frühjahr eher barfuß gehen und im Herbst länger warten, bis ich
wieder Schuhe trage.
Ich würde öfter Karussell fahren.
Ich würde mehr Gänseblümchen pflücken.«[5]

Kapitel 4

Machen Sie Vorzüglichkeit zu Ihrem persönlichen Ziel

> *»Man ›findet sich selbst‹ nicht, indem man seine eigenen Interessen verfolgt, sondern vielmehr dadurch, daß man etwas anderes verfolgt und durch Disziplin oder Routine lernt ... wer man ist und was man sein will.«*
> – May Sarton –

Im letzten Kapitel sagte ich, daß Sie Probleme hätten, falls Ihre Identität zu sehr an Ihre Leistung gekoppelt sei. Aber nun müssen wir uns auch die andere Seite der Medaille ansehen, denn das, was man erreicht hat, ist für die Entwicklung eines persönlichen Wertgefühls von großer Wichtigkeit. Als ich eines Tages mit dem Schriftsteller Arthur Gordon zu Mittag aß, sprach ich über die Bedeutung des Selbstbildes. Ich probierte die These des letzten Kapitels an ihm aus – daß wir nicht einen Wert besitzen, weil wir etwas tun, sondern weil es uns gibt.

Er lächelte und sagte: »Wir wurden nicht geschaffen, um einfach nur ›zu sein‹. Wir wurden geschaffen, um etwas Bestimmtes zu sein, um etwas zu vollbringen. Ich meine nicht, daß man der Welt bester Pianist sein muß – man kann auch freigiebig oder freundlich sein –, aber die Menschen werden bis an ihr Lebensende kein Selbstwertgefühl besitzen, wenn sie nicht auch etwas mit ihrem Leben angefangen haben.«

Er hatte natürlich recht. Wir werden nur dann ein starkes Selbstbild haben, wenn wir unsere Talente erkennen und sie sorgfältig einsetzen. Dies klingt vielleicht wie ein Widerspruch zu dem, was ich über Arbeitssüchtige gesagt habe, die versuchen, ihren persönlichen Wert durch harte Arbeit zu erreichen. Wir dürfen jedoch einen wichtigen Unterschied nicht vergessen: Unser Wert liegt nicht in unseren Leistungen begründet. Vielmehr sind unsere Leistungen das Ergebnis des uns innewohnenden Wertes. Mit anderen Worten, wenn wir ein gewisses Selbstwertgefühl haben, weil wir von einem liebenden Gott geschaffen wurden – weil wir Gottes Kinder sind und nach dem Bild unseres Vaters gestaltet wurden –, dann werden wir mit unseren Gaben etwas erreichen wollen. Wir werden etwas tun wollen, das bleibt.

Und wenn wir etwas erreichen, das von Wert ist, erhalten wir als Zugabe eine Steigerung unseres Selbstwertgefühls. Wir sind mehr als das, was wir tun. Aber das, was wir tun, stellt einen bedeutenden Teil dessen dar, wer wir sind. Niemand hat je eine gesunde Selbstachtung gehabt, ohne auch ein Zielbewußtsein für sein Leben zu haben. Karl Menninger (und viele andere neben ihm) sagte, um gut mit dem Leben zurechtzukommen, brauche man Spiel, Liebe und Arbeit.

Dies ist also der vierte Faktor für die Entwicklung des Selbstwertgefühls:

> *Finden Sie etwas, was Sie gern und gut tun,*
> *und tun Sie es immer wieder.*

In *Getting Rich Your Own Way* [»Auf seine Weise reich werden«] berichtet Dr. Srully Blotnick von einer Studie, für die zwanzig Jahre lang das Leben von 1 500 Männern und Frauen von Anfang Zwanzig bis Anfang Vierzig verfolgt wurde.[6] In dieser Zeit wurden 83 dieser 1 500 Menschen Millionäre. Drei oder vier Dinge waren für diese Personen charakteristisch. Sie hatten nicht geplant, reich zu werden. Von den anderen hatten die meisten zu irgendeinem Zeitpunkt versucht, viel Geld zu verdienen. Kurz zusammengefaßt: Sie hatten jedes »Wie-man-schnell-reich-wird«-Schema der Welt ausprobiert. Sie hatten es mit Investitionen und Pyramidenplänen ausprobiert, und keiner von ihnen hatte es geschafft.

In dieser Studie hatte sich jeder, der reich wurde, schon früh entschlossen, sich zu spezialisieren und etwas zu tun, worin er vollständig aufging – etwas, was ihm Spaß machte. Und indem sie sich spezialisierten und jahrelang das taten, was ihnen Spaß machte, wurden sie sehr, sehr gut darin. Das Ergebnis war, daß sie gut bezahlt wurden. (Und noch etwas war typisch für sie: Sie warfen nicht mit ihrem Geld um sich, wie es viele andere in der Studie taten. Sie investierten vorsichtig.)

Und siehe da, nach fünfzehn oder zwanzig Jahren harter Arbeit hielten sie inne und entdeckten, daß ihr Kapital mehr als eine Million Dollar betrug. Sie waren so damit beschäftigt, das zu tun, was sie liebten, so beschäftigt, in dem, was sie taten, ausgezeichnet zu sein, daß ihnen kaum bewußt war, wie reich sie wurden. Siebzig oder achtzig Prozent dieser Menschen arbeiteten als Angestellte in einer Firma. Sie waren keine Unternehmer oder große technische Genies. Aber sie arbeiteten für Firmen, die ihnen dafür, daß sie eine Sache auf außergewöhnliche Weise taten, ein gutes Gehalt zahlen konnten.

Zwei wesentliche Schritte, um dieses Prinzip in die Praxis umzusetzen, sind:

1. Beurteilen Sie Ihre Talente und stellen Sie fest, in welchem Bereich Sie eine ausgezeichnete Arbeit leisten können.
2. Nehmen Sie die harte Aufgabe des Übens und Sich-Verbesserns auf sich, damit Sie in einem Bereich hervorragend werden.

Bewerten Sie Ihre Gaben

Als Psychotherapeut habe ich viele gestörte und behinderte Menschen kennengelernt, aber ich kann immer noch sagen, daß jeder Mensch, ganz gleich, welche Behinderung er hat, ein ganz bestimmtes Talent besitzt.

Horace Bushnell, der große Prediger aus New England, sagte immer: »Irgendwo unter dem Himmel hat Gott eine Aufgabe für dich, und niemand außer dir kann diese Aufgabe erledigen.« Einige von uns müssen diesen Platz durch Ausprobieren finden, und vielleicht brauchen wir dafür einige Zeit und laufen unterwegs in verschiedene Sackgassen, aber das Talent ist da, ganz gleich, wie tief es vergraben ist. Wir sind ein wichtiger Teil von Gottes Plan.

Ich bewundere schon lange die *Church of the Savior* in Washington D. C., und zwar zum Teil deshalb, weil sie eine so starke Betonung darauf legen, daß jeder die Gaben des anderen weckt. Beinahe vom ersten Gottesdienstbesuch an wird man mit der Frage konfrontiert: »Was für Gaben haben Sie?« Die Gemeinde sieht darin eine andere Art zu sagen: »Was für eine Berufung haben Sie?«

Thomas Merton sagte: »Jeder von uns hat irgendeine Berufung. Wir sind von Gott berufen, an seinem Leben und seinem Reich teilzuhaben. Jeder von uns ist an einen ganz bestimmten Platz im Königreich berufen. Wenn wir diesen Platz finden, werden wir glücklich sein. Wenn wir ihn nicht finden, werden wir niemals vollkommen glücklich sein können.«

Bei der Entdeckung dieses Rufes können meiner Meinung nach zwei Dinge schief gehen: Erstens können wir auf eine dramatische Offenbarung von Gottes Plan für unser Leben warten, anstatt Gottes Plan, der oft in unser Wesen »hineingeschrieben« ist, zu erkennen – er ist deutlich an den Gaben zu erkennen, die in uns liegen. Zweitens können wir entmutigt werden, weil unsere Talente begrenzt zu sein scheinen und andere anscheinend geschickter sind als wir. Für gewöhnlich ist es nicht das reine Talent, das Menschen erfolgreich macht, sondern die Motivation.

Das Gesetz des Ausgleichens

Menschen mit einem hohen Maß an Selbstwertgefühl können genauso viele oder mehr Schwächen haben, als jene mit einem niedrigen Selbstwertgefühl. Der Unterschied ist: Sie konzentrieren sich nicht auf ihre Einschränkungen, sondern kompensieren sie, indem sie ihre Stärken ausbauen.

In der berühmten Studie von Viktor und Mildred Goertzel, *Cradles of Eminence* [»Wiegen der Vorzüglichkeit«], wurde der familiäre Hintergrund von 300 äußerst erfolgreichen Leuten untersucht. Diese 300 Menschen hatten es bis ganz oben geschafft. Es handelte sich um Männer und Frauen, die jedem als Kapazitäten in ihrem Fachbereich bekannt sind, wie Franklin D. Roosevelt, Helen Keller, Winston Churchill, Albert Schweitzer, Clara Barton, Mahatma Gandhi, Albert Einstein und Siegmund Freud. Die intensive Untersuchung ihres frühen Familienlebens brachte einige überraschende Ergebnisse:

- Dreiviertel der Kinder hatten eine gestörte Kindheit, entweder durch Armut oder durch zerrüttete Familienverhältnisse oder durch Eltern, die ablehnend, übermäßig klammernd oder dominant waren.

- Siebenundvierzig der fünfundachtzig Science fiction- oder Drama-Autoren und sechzehn der zwanzig Dichter kamen aus Familien, in denen vor den Augen der Kinder spannende psychologische Dramen mit den Eltern als Hauptdarstellern abliefen.
- Körperliche Behinderungen wie Blindheit, Taubheit oder verkrüppelte Gliedmaßen charakterisierten mehr als ein Viertel dieser Menschen.

Wie schafften sie es unter diesen Umständen, solch hervorragende Leistungen zu erbringen? Höchstwahrscheinlich durch Kompensation. Sie kompensierten ihre Schwächen in einem Bereich, indem sie in einem anderen hervorragend waren. Einer von ihnen sprach über die Kräfte, die ihn erfolgreich machten: »Etwas, was mein Leben mehr beeinflußt hat als irgend etwas anderes, ist mein Stottern. Hätte ich nicht gestottert, wäre ich vermutlich genau wie meine Brüder nach Cambridge gegangen, wäre vielleicht ein Don geworden und hätte ab und zu ein langweiliges Buch über französische Literatur verfaßt.« Der Mann, der dies sagte (und bis zu seinem Tode stotterte), war W. Somerset Maugham, als er im Alter von 86 Jahren auf sein Leben zurückblickte. Zu diesem Zeitpunkt war er ein weltberühmter Autor von über 20 Büchern, 30 Theaterstücken und jeder Menge Essays und Kurzgeschichten.

Wie man Kindern hilft, sich in irgend etwas auszuzeichnen

Die Strategie des Kompensierens kann auch von Eltern eingesetzt werden. Dr. James Dobson erzählt, daß er in der Grundschule sehr dünn und schüchtern und nicht sehr beliebt war. Aber als er noch nicht ganz acht Jahre alt war, hatte sein Vater ihn eines Samstags mit einem Eimer voll Bälle mit auf den Tennisplatz genommen und begann, ihm das Tennisspielen beizubringen. Das samstägliche Training wurde zu einem Ritual, und »manchmal«, berichtet Dobson, »langweilte es mich und ich hatte keine Lust, zu trainieren. Aber mein Vater saß mir im Nacken und wir waren jeden Samstagvormittag auf dem Platz. Nun, ich bin froh, daß er das tat, denn als ich in der Mittelschule war und mich sehr schüchtern und minderwertig fühlte, konnte ich in einem Aufsatz mit dem Thema ›Wer bin ich‹ eine einzige positive Sache nennen, nämlich: ›Ich bin der beste Tennisspieler der ganzen Schule‹.«

»Spätzünder«

Manche Menschen brauchen eine Weile, um ihre Gaben zu entdecken und einzusetzen, und wenn Sie sich bereits in den mittleren Jahren befinden und noch nichts erreicht haben, bedeutet das nicht, daß Sie unbegabt sind. Helen Yglesias beispielsweise war vierundfünfzig Jahre alt, als sie ihr erstes Buch vollendete.

Als Yglesias ein Teenager war – damals begann gerade die Weltwirtschaftskrise –, hoffte sie, eine große Schriftstellerin zu werden und hatte auf der Basis ihrer Erlebnisse als Teenager sogar ein Buch angefangen. Aber nachdem ihr älterer Bruder das Manuskript gelesen hatte, traf sie seine Reaktion wie eine Granate. »Ich kann mich nur noch an wenig von dem erinnern, was wir zueinander sagten. Ich bin mir nicht einmal sicher, ob ich ihm überhaupt etwas antwortete. Woran ich mich erinnere, ist das Wort ›pervers‹. ›Kein Mensch wird an dem perversen Zeug, das du da schreibst, interessiert sein.‹ Und: ›Du müßtest ein Genie sein, um mit dem langweiligen Zeug durchzukommen, und du bist kein Genie.‹« Unter Tränen zerriß sie ihr Manuskript Seite für Seite.

Dieser Vorfall forderte zwar seinen Tribut, aber Helen Yglesias sagt, daß es noch viele andere Faktoren gab, die mit zu den vier Jahrzehnten literarischer Untätigkeit beitrugen. Eines Tages sprach sie mit der Autorin Christina Stead über die vierzigjährige Verzögerung in ihrer schriftstellerischen Tätigkeit, und sie sagte ihr, sie solle aufhören, darüber zu reden und mit dem Schreiben anfangen. »Setzen Sie sich einfach hin und schreiben Sie das Buch, das Sie schreiben wollen«, wies sie sie an. »So wird es gemacht. Entweder Sie schaffen es, das Manuskript zu erstellen, oder Sie schaffen es nicht. Wenn Sie es nicht schaffen, versuchen Sie es noch einmal, bis Sie es richtig machen. Natürlich gehört noch mehr dazu als nur das … aber es ist Unsinn, über die Einzelheiten zu sprechen, bevor Sie sich nicht hinsetzen und anfangen.«

Yglesias sagt, als sie anfing, an ihrem Buch zu arbeiten, fühlte sie sich, als habe sie endlich ihr wirkliches Leben in ihre Hände genommen. Als das Buch ein Erfolg wurde, veröffentlichte sie weitere Romane wie *Family Feeling* und *Sweetsir* sowie Memoiren wie *Starting Early, Anew, Over and Late*, die sie zu einer hochgeachteten Autorin machten.[7]

»Die Welt tritt beiseite«, sagt David Jordan, »um jeden, der weiß, wohin er will, durchzulassen.« Das trifft sowohl für die zu, die spät im Leben merken, wohin sie gehen, als auch für die Jungen. Margret Thatcher wurde mit 53 Jahren Englands erste Premierministerin. Francis Chichester segelte im Alter von 64 Jahren in einer 16 Meter-Yacht allein um die Welt. Winston Churchill wurde mit 65 Jahren zum ersten Mal Premierminister und begann seinen monumentalen Kampf gegen Hitler. Im Alter von 71 Jahren wurde Golda Meir Premierministerin von Israel. Mit 75 Jahren legte Ed Delano aus Kalifornien mit seinem Fahrrad 5 000 km in 33 Tagen zurück, um am 50. Klassentreffen seines Collegejahrgangs in Worcester, Massachusetts, teilzunehmen. Im Alter von 76 Jahren wurde Kardinal Angelo Roncalli Papst Johannes XXIII und leitete umwälzende Veränderungen in seiner Kirche ein. Mit 80 Jahren hatte Großmama Moses, die erst mit Ende 70 das Malen begonnen hatte, ihre erste Ausstellung, bei der ausschließlich ihre Bilder gezeigt wurden. Mit 81 Jahren vermittelte Benjamin Franklin geschickt zwischen den kontroversen Parteien bei der verfassungsgebenden Versammlung der Vereinigten Staaten. Mit 80 Jahren kehrte Winston Churchill in das Unterhaus zurück und stellte überdies 62 seiner Bilder aus. George C. Selbach war 96, als ihm auf dem Golfplatz in Indian River, Michigan, über eine Entfernung von 100 Meter ein *Hole in One* [Einlochen mit einem einzigen Schlag] gelang. Und an seinem 100sten Geburtstag erklärte der *Ragtime*pianist Eubie Blake: »Wenn ich gewußt hätte, daß ich so lange lebe, hätte ich gesünder gelebt.«[8]

Zähe Hingabe an Ihre Begabung

Es gibt kaum etwas, was man häufiger antrifft, als erfolglose Menschen, die begabt sind, und für viele von uns bestand das Problem nicht darin, herauszufinden, in welchem Bereich wir eine natürliche Begabung haben. Vielmehr bestand es darin, diese Fähigkeit zu entwickeln. Es ist das oft langweilige, sich ständig wiederholende Formen unserer Fähigkeiten, das uns aus der Masse herausheben wird.

Viele von uns fangen an, sich für etwas zu interessieren, aber dann tauchen Schwierigkeiten auf; wir sehen, daß andere erfolgreicher sind, und wir werden entmutigt und geben auf. Ich beriet einmal eine Frau, die einen großen Teil ihres Lebens ohne ein richtiges Ziel gelebt hatte. Ich fragte sie, wie sie ihr Leben beschreiben würde, worauf sie einfach nur »Bedauern« sagte. Und dann sprach sie über die Jahre, als sie von einem Bereich zum andern geirrt war, ohne jemals eine Bestandsaufnahme ihrer Fähigkeiten vorzunehmen und sich für einen Bereich zu entscheiden, in dem sie sich spezialisieren wollte.

»Es war meinem Mann egal, ob ich arbeitete oder nicht. Also arbeitete ich nicht, und das war wahrscheinlich mein größter Fehler. Als die Kinder älter wurden und mich nicht mehr so sehr brauchten, meinte ich immer, ich würde schon noch etwas finden. Als der Klavierunterricht langweilig wurde, hörte ich auf. Ich meinte, ich könne vielleicht Lehrer werden und belegte einige Kurse in Pädagogik, hielt aber nicht lange genug durch, um einen Abschluß zu erreichen. Ich kann Ihnen gar nicht sagen, wie schrecklich es ist, wenn man das letzte Drittel seines Lebens beginnt und das Gefühl hat, im Grunde nichts Richtiges gelernt zu haben – abgesehen davon, daß man gute Apfelkuchen backen kann.«

Wir alle kennen fähige Personen, die von einer Sache zur anderen huschen. Dies wird ihnen langweilig, alles verliert seinen Reiz, und niemals klemmen sie sich wirklich hinter eine Sache, um richtig gut darin zu werden.

Die Arbeit eines Chirurgen basiert auf der äußerst exakten Aufteilung der Arbeit in einzelne Bewegungen. Angehende Chirurgen üben monatelang, wie man auf engstem Raum einen bestimmten Knoten macht, wie man ein Instrument hält und wechselt oder wie man Stiche macht. Sie bemühen sich ständig, diese Bewegungen zu verbessern, um den Bruchteil einer Sekunde schneller zu werden, eine andere Bewegung mit größerer Leichtigkeit auszuführen und eine dritte gänzlich überflüssig zu machen. Und die Verbesserung dieser individuellen, einzelnen Bewegungen ist für den Chirurgen die Hauptmethode, wie er seine Gesamtleistung verbessert. Das ist wissenschaftliches Management, und es ist ein herrliches Modell dafür, wie wir mit unseren Begabungen umgehen sollten.

Vor einigen Jahren lernte ich einen sehr guten Möbeltischler kennen, der in einem ganz bestimmten Bereich hervorragend geworden war: Er stellte maßgefertigte Möbel her. Als Sam Maloof ein junger Mann war, durchlief er eine Designerausbildung. Aber er merkte, daß er am liebsten mit seinen Händen am Holz arbeitete. Also begann er, in seiner Garage Möbel herzustellen.

Am Anfang, als er noch mit den Verzapfungen, die ihn später berühmt machen sollten, experimentierte, stellte er einen Stuhl als Prototyp her, brachte ihn dann auf das Dach seiner Garage und ließ ihn auf die Einfahrt fallen, um zu sehen, ob die Verleimungen der Belastung standhalten würden. Sie taten es. Dies bewies für Sam, daß die Art der Verbindungen, mit der er arbeitete, die richtige war. Sein erster Auftrag war ein Satz Eßzimmerstühle, und weil er Probleme mit dem Innenausstatter hatte, deckte der Gesamtpreis kaum seine Materialkosten. Aber durch Ausprobieren lernte er, wie er den Preis für seine Arbeit berechnen mußte, um seinen Lebensunterhalt zu verdienen.

Maloofs handwerkliche Fähigkeiten sprachen sich herum, und allmählich bekam er mehr Aufträge. Weil sich sein Haus in einem Wohngebiet befand, kaufte er einen Zitronenhain außerhalb der Stadt mit einem kleinen Haus und einer Garage mitten im Hain. Dort fertigte er weiter Stühle aus Walnußholz, jeder von ihnen hervorragende Handarbeit. Zunächst kamen die Aufträge nur langsam herein. Genau in dieser Zeit wurde er vom Außenministerium der Vereinigten Staaten gebeten, in den Libanon, in den Iran und später nach El Salvador zu gehen, um dort mit einheimischen Holzbearbeitern in ländlichen Industrialisierungsprogrammen zu arbeiten.

Aber über die Jahre wurde der Möbelmacher immer bekannter. Er stellte einen Lehrling ein. Er baute eine Werkstatt und ein Haus, Zimmer für Zimmer. Als seine Stühle berühmt wurden, boten ihm verschiedene Möbelhersteller an, sein Design zu kaufen und jeden Monat Tausende seiner Schaukelstühle preiswert zu produzieren. Aber Maloof war nicht daran interessiert, für sein Design Lizenzen zu vergeben. Er fuhr fort, seine Arbeit weiter zu verbessern und zu vervollkommnen. Er wußte, was ihm Spaß machte: Möbel bauen, und zwar so gut wie nur irgend möglich.

Als sein handwerkliches Geschick bekannter wurde, bat man ihn, Workshops über den Bau von Möbeln abzuhalten, und viele seiner Stücke wurden von Museen für ihre ständigen Sammlungen angekauft. Vor kurzem erhielt er den Mac-Arthur-»Genius«-Preis, eine Ehrung, die normalerweise an Schriftsteller, Künstler und Philosophen vergeben wird. Das bedeutet, daß Maloof fünf Jahre lang ein steuerfreies Stipendium von 60 000 $ pro Jahr erhalten wird, das mit keinerlei Verpflichtungen verbunden ist.

Und welche Auswirkungen hatte der »Genius-Preis« auf Sam Maloofs Arbeitswoche? Sie hat sich kaum verändert. Er ist jetzt 71 Jahre alt und arbeitet immer noch ca. 60 Stunden pro Woche. Er hat zwei Assistenten. Der gegenwärtige Preis für einen Schaukelstuhl? 6 000 Dollar, und er hat einen Auftragsrückstand von gut über einhundert Stück. »Deshalb muß ich so viele Stunden arbeiten«, sagt er und lächelt.

Der Grund für Maloofs Gefühl der Befriedigung und des Wohlbefindens liegt zum Teil in seiner Arbeit: Er weiß genau, wer er ist, und er tut die Dinge, die ein natürlicher Ausdruck seiner selbst sind. Er fand etwas, was er tun wollte, tat es immer und immer wieder und wurde immer besser darin.

Teil II

Tägliche Übungen
für die Entwicklung des Selbstwertgefühls

Kapitel 5

Verbessern Sie
Ihren inneren Dialog

*»Der einzige Unterschied zwischen der besten Leistung und der
schlechtesten Leistung ist der Unterschied in unserem inneren
Selbstgespräch.«*
– Dorothy und Bette Harris –

Ulysses, der Romanklassiker von James Joyce, beschreibt den
Bewußtseinsstrom, der innerhalb eines Zeitraums von 24 Stunden durch die Gedanken von Leopold Bloom und anderen fließt.
Joyces Werk macht auf treffende Weise klar, daß wir sogar dann, wenn
wir nicht mit anderen sprechen, innerlich ein ständiges Selbstgespräch
führen.

Ich bin überzeugt: Wenn ich mitten in die Gedanken meiner Klienten ein Mikrofon hineinhalten und mir die Aussagen anhören könnte,
die sie den ganzen Tag sich selbst gegenüber machen, so wären die meisten dieser Aussagen negativ. »Ich komme schon wieder zu spät – wie
üblich.« »Meine Haare sehen heute morgen schrecklich aus.« »Das war
eine blödsinnige Bemerkung von mir – sie hält mich jetzt wahrscheinlich für schwachsinnig.« Jeden Tag gehen uns Tausende solcher Botschaften durch den Kopf, und es ist kein Wunder, daß als Ergebnis
davon unser Selbstbild schlechter wird.

Wenn wir unser Selbstwertgefühl aufbauen wollen, ist es deshalb
eine gute tägliche Übung, einen freundlicheren inneren Dialog zu üben:

*Ersetzen Sie Ihre negative Selbstbewertung
durch regelmäßige, positive innere Dialoge.*

Donald Meichenbaum hat eine ausgeklügelte Methode entwickelt, um Menschen zu helfen, den Strom ihrer inneren Unterhaltung zu verändern. Ein impulsives und sehr selbstkritisches Kind könnte beispielsweise so an eine Aufgabe in der Schule herangehen:

»Oh Mann, das wird schwierig. Das werde ich bestimmt versauen. Oh! Da geht's schon los. Du hast schon den ersten Fehler gemacht. Ich habe noch nie zeichnen können. Dummkopf, du solltest die Linie nach unten ziehen. Er wird sehen, wo ich das wegradiert habe. Anscheinend haben die anderen keine Probleme mit ihrem Bild. Aber dies hier ist eine Katastrophe. Besser kann ich es nicht, aber das ist nicht, was sie sehen wollen.«

Mit einem solchen Kind übt Meichenbaum, innerlich auf folgende Weise zu sprechen:

»Okay, was muß ich tun? Sie wollen, daß ich das Bild mit den verschiedenen Linien nachzeichne. Ich muß langsam und sorgfältig arbeiten. Okay, ziehe die Linie nach unten, unten, gut; dann nach rechts, so ist's richtig; jetzt noch etwas mehr nach unten und nach links. Gut, bisher habe ich das prima gemacht. Denke daran, langsam. Jetzt wieder nach oben. Nein, ich sollte nach unten gehen. Das macht nichts. Ich radiere die Linie einfach vorsichtig weg ... vorsichtig. Okay, jetzt muß ich nach unten gehen. Fertig. Ich hab's geschafft.«[9]

Diese Art, mit uns selbst zu sprechen, kann eine große Hilfe sein, wenn wir unser Selbstbild neu »programmieren« wollen.

Woher kommt die negative Selbstbewertung?

Wo haben wir gelernt, uns innerlich selbst zu beschuldigen? Wir haben es natürlich in erster Linie von anderen gelernt. Die Tausende von negativen Botschaften, die von Eltern und Lehrern und älteren Geschwistern kamen, während sie versuchten, uns zu gesellschaftlich akzeptablen Wesen zu machen, sind alle in unserem Gedächtnis gespeichert. Viele dieser Botschaften werden in das Grundmuster jener inneren Unterhaltung, die wir den ganzen Tag lang mit uns selbst führen, aufgenommen. »Warum kommst du immer zu spät? ... Was ist los mit dir, willst du überfahren werden? ... Da lang, Idiot! ... Kannst du nicht mal so einen lahmen Wurf fangen?«

Vor ein paar Jahren kehrte ich spät abends von einer Veranstaltung zurück, bei der ich der Sprecher gewesen war, und der Flug von Dallas nach Los Angeles war der längste meines Lebens. Eine Mutter und ihre dreijährige Tochter saßen hinter mir, und das Mädchen war unruhig. Die Mutter war gereizt. Immer wieder sagte sie:

»Kannst du nicht eine Weile stillsitzen?«

»Du mußt nicht zur Toilette. Hör endlich auf, mich zu nerven.«

»Du machst mich krank.«

»Wenn du dich weiter so benimmst, werde ich deinem Vater sagen, daß er dir eine Tracht Prügel geben soll, sobald wir zu Hause sind.«

Je näher wir an Los Angeles kamen, um so gereizter wurde die Mutter, bis ihre Botschaften schließlich lauteten:

»Du bist eine Nervensäge. Sei endlich ruhig.«

»Von allen Kindern in diesem Flugzeug benimmst du dich am schlechtesten. Halt den Mund.«

»Du bist ein furchtbares Kind, wenn du jetzt nicht ruhig bist, werde ich mit dir zur Toilette gehen und dir die Tracht Prügel deines Lebens verpassen.«

Am liebsten hätte ich mich umgedreht und gesagt: »Liebling, du bist nicht schlecht. Deine Mutter ist einfach nur müde, und du bist auch müde.« Dieser Strom herabsetzender Botschaften wird verinnerlicht und wird ein Teil des inneren Dialogs des Mädchens werden.

Wir lernen durch die Bewertungen der Menschen um uns herum, und einige Psychologen gehen sogar so weit zu sagen, daß wir uns selbst nur durch den Spiegel der Reaktionen kennen, die andere Menschen uns zeigen. Wenn jemand sagt: »Du hast Probleme mit Mathematik, nicht wahr?«, ist es – wenn dieser jemand größer und älter und weiser ist als wir – normal, anzunehmen, daß er oder sie recht hat. Daraufhin werden wir für den Rest unseres Lebens immer, wenn eine Zahlenreihe vor unseren Augen auftaucht, automatisch reagieren: »Denke daran, du hast immer Probleme mit der Mathematik.«

Positiver mit Kindern reden

Diese Fakten machen es um so wichtiger, daß wir soviel Positives wie möglich in die jungen Hirne um uns herum »hineinpumpen«. Natürlich müssen wir unsere Kinder und unsere Schüler korrigieren, wenn sie Fehler machen, aber wir können das mit positiven Botschaften tun:

»Du bist ein kluger Junge – du weißt, daß es gefährlich ist, hier im Haus mit dem Baseballschläger herumzufuchteln.«

»Das sieht dir gar nicht ähnlich. Deine Arbeiten sind normalerweise ordentlich und sauber. Bitte schreibe diese Seite noch einmal ab.«

»Du bist sonst eines der besterzogensten Mädchen in dieser Klasse, Joan. Was ist heute mit dir los, daß du so viel redest?«

»Ich liebe dich, Tom, aber heute abend machst du mich nervös.«

Solch ein Ansatz in der Erziehung und im Unterricht wird in der Zukunft gute Früchte tragen, denn das Ergebnis wird ein viel positiverer Bewußtseinsstrom in diesen Kindern sein. Sie werden später etwa so mit sich selbst sprechen:

»Ich bin kein Dummkopf. Wenn ich mir etwas Zeit nehme, werde ich das herausbekommen.«

»Ich bin doch sonst nicht so. Ich muß herausfinden, was nicht in Ordnung ist, damit ich wieder normale Leistungen bringe.«

»Es macht mir Spaß, gut mit Menschen auszukommen, und ich fühle mich immer wohl, wenn ich in dieses Büro komme. Die können mich hier gut leiden, und das ist ein schönes Gefühl.«

Das Prinzip des Austauschs

Aber nehmen wir einmal an, Sie sind in der Vergangenheit nicht so gut dran gewesen, haben Tausende herabwürdigender Botschaften in sich aufgenommen und sich angewöhnt, zu sich selbst zu sagen: »Ich bin nicht gut in Mathe«, oder »Ich bin ein Hitzkopf, und eines Tages wird mich meine Wut noch einmal richtig in Schwierigkeiten bringen.« Kann man irgend etwas gegen diese Angewohnheit tun? Natürlich. Wir können anfangen, das Prinzip des Austauschs anzuwenden. Man wird diese negativen Botschaften los, indem man sein Denken so sehr mit guten Gedanken erfüllt, daß die negativen zwangsläufig ersetzt werden.

Übung ist auch hier, genau wie bei allen anderen Dingen, der Schlüssel, wie wir lernen, freundlicher mit uns selbst zu sprechen. Wir können zum Beispiel bei der Fahrt zur Arbeit mit einem positiven Strom von Gedanken herumexperimentieren. Das könnte dann so aussehen:

»Okay, ich werde heute lernen, besser mit mir selbst zu reden. Was kann ich Gutes sagen? Naja, ich bin heute morgen rechtzeitig losgegangen. Das ist ein gutes Gefühl. Es ist schön, wenn man nicht so hetzen muß. Ich kann heute den anderen Autofahrern gegenüber ein wenig höflicher sein. Eigentlich bin ich ja gern höflich. Ich lasse die andere Fahrerin auf die Autobahn auffahren, wenn sie es eilig hat. Es hat mir immer riesigen Spaß gemacht, wenn ich anderen solche kleinen Gefälligkeiten erweisen konnte. Die großen Gefälligkeiten, die gefallen mir gar nicht. Oh, das war wieder so eine typische negative Bemerkung, wie ich sie oft mache. Wie kann ich das positiver formulieren? Ich kann es so sagen: Ich würde mir gern angewöhnen, anderen öfter einen größeren Gefallen zu erweisen. Wahrscheinlich wird mir das genauso viel Spaß machen, wie vorhin, als ich langsamer gefahren bin, damit die Frau einbiegen konnte.

Die Arbeit heute – wie ist es damit? Welche positiven Botschaften kann ich mir hier selbst geben, damit ich innerlich in guter Verfassung bin? Naja, zunächst einmal – ich habe letzten Monat mehr Aufträge an Land gezogen als je zuvor. Joe ist bestimmt froh darüber. Wo ich gerade darüber nachdenke – eigentlich bin ich in der Firma ein ziemlich wichtiges Rädchen im Getriebe. Ich glaube, ich hebe die allgemeine Stimmung. Ich sollte nicht vergessen, was Patti letzte Woche gesagt hat, daß ich die Stimmung im Büro hebe. Das war ein nettes Kompliment. Und ich kann, glaube ich, sagen, daß es nicht übertrieben war. Aber zurück zur Arbeit heute morgen. Meistens gehe ich morgens gern ins Büro. Ich kann es sogar noch stärker ausdrücken: Ich mag dieses Büro. Aber ich hasse den Papierkram. Oh, das war schon wieder so ein Ausrutscher. Ich werde es einfach umdrehen: Ich wette, daß ich den Stapel Papierkram heute bis zur Mittagspause erledigen kann. Dann würde mir das Mittagessen viel mehr Spaß machen. Heute werde ich mit Tom Mittagessen. Darauf freue ich mich immer. Er scheint meine Ansichten zu schätzen. Ich glaube, wenn er könnte, würde er mir gern die ganzen Kunden anvertrauen.«

Die Gewohnheit der Selbstherabsetzung

Viele Menschen entschuldigen sich ständig und machen anderen gegenüber viele Bemerkungen, mit denen sie sich selbst herabsetzen, weil sie davon einen indirekten Vorteil haben. Ich will Ihnen ein Beispiel geben. Ein Mann hat einen normalen Arbeitstag gehabt und fühlt sich ein wenig erschöpft, aber im großen und ganzen hat er bei seinem letzten dienstlichen Telefonat noch ziemlich viel Energie. Er schließt sein Büro und fährt nach Hause. Als er aus der Garage kommt und zur Haustür geht, ist es, als ob ihn eine lähmende Müdigkeit überfällt, und seine Schultern sacken deutlich nach unten. Er kann es kaum erwarten, sich ein Bier einzugießen und sich auf das Sofa fallen zu lassen.

Was ist über diesen Mann gekommen? In diesem Fall hat ihm seine Frau beigebracht, jeden Abend erschöpft nach Hause zu kommen, denn sie zeigt so viel Verständnis für seine harte Arbeit. Sie zeigt sich von ihrer aufmerksamsten, liebevollsten Seite, wenn sie meint, daß er einen harten Tag hatte, und das hat zur Folge, daß er sehr oft müde nach Hause kommt. Das bedeutet nicht, daß er unaufrichtig ist und sie an der Nase herumführt. Er sagt sich nicht selbst: »Ich fühle mich gut, aber mal sehen, ob ich nicht ein wenig besondere Aufmerksamkeit bekommen kann, wenn ich mich müde stelle.« Auf dem Weg von der Garage zur Haustür fühlt er sich wirklich schrecklich erschöpft. Aber der Grund dafür ist der indirekte Vorteil, den er dadurch gewinnt.

Unser Körper wird uns seltsame Streiche spielen und wir werden eine Menge echter Schmerzen in Kauf nehmen, um etwas Mitgefühl und Liebe zu erhalten – wenn das die einzige Methode ist, die wir kennen, um Liebe zu bekommen. Also spricht dieser Mann, als er zur Tür hereinkommt, davon, wie müde er ist, wiederholt, was für einen stressigen Tag er gehabt hat, und benutzt mehrmals Worte wie erschöpft, völlig ausgepumpt, gestreßt und müde, und tatsächlich, er kann sich kaum noch bewegen. Diese negativen Gedanken gehen ihm immer wieder durch den Kopf, er macht sich selbst immer müder, und noch vor 21.00 Uhr ist er auf der Couch eingeschlafen.

Wie kann man dieses lähmende Reden umdrehen? Der Mann könnte zum Beispiel folgendes sagen:

»Schön, nach einem langen Tag nach Hause zu kommen. Aber ich fühle mich trotzdem recht gut. Werde der Müdigkeit heute abend nicht nachgeben. Ich werde Marge heute nichts von Müdigkeit erzählen – keine Silbe. Der Nacken ist zwar etwas steif, aber das wird sich geben, wenn ich meinen Kopf ein wenig rolle. Der Rasen sieht großartig aus. Ich darf nicht vergessen, ihr zu sagen, wie hübsch die neuen Blumen aussehen. Ihr Auto ist in der Garage. Mann, was ist das schön, eine Frau zu haben, die immer zu Hause ist und auf mich wartet. Aber wir könnten uns heute abend ein wenig lieben. Nach all den Jahren ist Sex mit ihr immer noch aufregend. Mein alter Körper funktioniert immer noch prima, und das ist viel Grund zum Danken. Das Bier werde ich heute auslassen. Es macht mich nur müde, und ich brauche nichts, um mich zu entspannen. Gute Entscheidung. Schön so. Ich werde versuchen, mir selbst für sowas ganz bewußt auf die Schulter zu klopfen. Ich werde mit ein wenig Schwung durch diese Tür gehen. Meine Frau verdient es, jemanden zu haben, der sie aufmuntert, anstatt ihr einen Haufen Müdigkeit mitzubringen. Mann, ich liebe diese Frau. Irgendwie schon erstaunlich, wie so ein paar aufmunternde und ermutigende Gedanken dafür sorgen können, daß ich mich tatsächlich viel besser fühle. Unglaublich, wie unser Gehirn und das ganze Drumherum funktioniert.«

Klingt solch ein Prozeß für Sie künstlich positiv? Falls ja, sollten Sie Ihren inneren Dialog so ändern, daß er zu Ihnen paßt. Aber was auch immer Sie tun – treffen Sie ganz bewußt die Entscheidung, daß Sie einen Strom begeisterter, vitaler, ermutigender Botschaften durch Ihren Kopf schicken werden. Es wird Sie möglicherweise in Erstaunen versetzen, was für eine Kraft in diesem drei Pfund schweren »Kraftwerk« auf Ihren Schultern steckt.

Aussagen der Hoffnung

Eine Möglichkeit, wie wir uns angewöhnen können, im inneren Dialog einen optimistischeren Strom von Gedanken durch unseren Kopf fließen zu lassen, ist, diesen Gedankenstrom zu Papier zu bringen. Unsere Gedanken schweifen auch hier – genau wie im Gebet – sehr leicht ab. Genauso, wie es einigen leichter fällt zu beten, indem sie ihre Gebete aufschreiben – als ob sie Gott einen Brief schreiben –, so hilft es auch uns, unsere Gedanken auszurichten, indem wir positive Aussagen aufschreiben.

Dieser Vorgang ähnelt dem Gebet in mehreren Punkten. Er funktioniert folgendermaßen: Sie können einige Aussagen in Ihr Tagebuch schreiben, am besten gleich morgens. Diese Aussagen könnten zum Beispiel so aussehen:

- Ich habe ein sehr optimistisches Gefühl, wenn ich an diesen neuen Tag denke.
- Ich habe eine echte Fähigkeit, Entscheidungen zu treffen, und ich glaube, daß ich im Lauf dieses Tages die richtigen Dinge tun werde.
- Ich genieße die Natur, und ich fühle mich gut, während ich aus dem Fenster in den nebligen Morgen hinausschaue.
- Mein Körper ist eine Schöpfung Gottes, und ich werde die Gefühle genießen, die er mir heute vermittelt.

Das sind weniger Ziele für den Tag als vielmehr Aussagen des Glaubens, die, wenn wir sie immer wieder aussprechen, unsere Gefühle in bezug auf uns selbst verändern können.

Ich kenne kein besseres Material für diese Übungen als die großen Aussagen der Hoffnung in der Schrift. Wenn es stimmt, daß wir das werden, worüber wir nachdenken, dann wird es das Zentrum unseres Seins verändern, wenn wir Verheißungen wie die folgenden auswendig lernen und immer wieder aussprechen:

»Der Herr ist mein Licht und mein Heil: Vor wem sollte ich mich fürchten?« (Ps 27,1).

»Die aber, die dem Herrn vertrauen, schöpfen neue Kraft ...« (Jes 40,31).

»Wir wissen, daß Gott bei denen, die ihn lieben, alles zum Guten führt ...« (Röm 8,28).

»Alles vermag ich durch ihn, der mir Kraft gibt« (Phil 4,13).

Kapitel 6

Sehen Sie sich selbst als eine zuversichtliche Persönlichkeit

*Die größten Taten sind von Männern vollbracht worden, die sich
irgendwie ihre Fähigkeit erhalten haben, große Träume zu träumen.*
– Walter Russel Bowie –
Vorstellungskraft ist wichtiger als Wissen.
– Albert Einstein –

Es gibt eine zweite tägliche Übung, um das Selbstwertgefühl aufzubauen, die vor kurzem mit großem Erfolg bei Sportlern angewandt worden ist. Sie läuft unter unterschiedlichen Begriffen,
wie z. B. »mentale Übung«, »Imaginieren«, »Visualisation« und »Vi-
sioning« und ist alles andere als eine Neuentdeckung. Es ist eine Idee,
die so alt wie die Bibel ist. Es geht dabei um folgendes:

> *Ersetzen Sie Angst vor Versagen durch klare, innere Bilder
> von sich selbst, wie Sie erfolgreich Dinge meistern und
> dabei glücklich sind.*

Im Oktober 1979 besuchte Dr. Charles Garfield, ein außerordentlicher
Professor der Medizin an der *University of California School of
Medicine*, ein medizinisches Symposium in Mailand, Italien. Dort kam
es zu einem intensiven Gespräch mit einigen europäischen Wissen-
schaftlern, die mehrere Millionen Dollar und 20 Jahre Forschungsarbeit
investiert hatten, um herauszufinden, wie man Athleten trainieren muß,
um sie zur höchstmöglichen Leistung zu bringen. Nachdem sie sich bis
in die Nacht hinein über die Entdeckungen der Wissenschaftler bezüg-
lich der Macht gelenkter Visualisation unterhalten hatten, wurde Dr.

Garfield sehr interessiert und bot sich selbst als Versuchsperson an. Die Gruppe weckte um 2.00 Uhr morgens den Besitzer des örtlichen Fitnesscenters auf. Sie hatten Garfield überzeugt, daß sie seine Fähigkeiten im Gewichtheben bedeutend steigern könnten, indem sie einfach nur gewisse psychologische Techniken anwandten. Zunächst hob er mit großer Mühe 135 kg. Dabei war er an ihre ausgeklügelten Monitore angeschlossen, die seine Gehirnwellen, sein Herz und seine Muskelanspannung überwachten.

Sie fragten ihn, wieviel er seiner Meinung nach in einem Wettkampf heben könne, wenn er bis an die äußerste Grenze seiner Leistungsfähigkeit ginge. Er erwiderte: »Vielleicht 140 kg.«

»Dann machten sie einige sehr tiefe Entspannungsübungen mit mir«, berichtet Garfield, »und baten mich, mir vorzustellen, wie ich nicht nur 135 kg erfolgreich hebe, sondern 20 % mehr. Nachdem wir 40 Minuten lang mentale Übungen gemacht hatten, die sich scheinbar ständig wiederholten, baten sie mich, mich noch einmal an der Hantel zu versuchen, an der sie allem Anschein nach eine Menge weiterer Gewichte befestigt hatten. Nach einem Fehlversuch konnte ich das Gewicht viel leichter stemmen als die 135 kg. Erst hinterher sagten sie mir, daß ich gerade 165 kg gestemmt hatte! Nach ihren Schätzungen hätten sie mich mit Leichtigkeit bis auf 180 kg bringen können, aber im Hinblick auf meine untrainierten Muskeln hatten sie das lieber gelassen.«[10]

Der Prozeß, der von diesen Sportpsychologen angewandt wird, basiert auf der Tatsache, daß wir nicht in Worten, sondern in Bildern denken. Deshalb spielen Sportler in ihren Gedanken immer wieder Filme ab – Filme, in denen sie sich selbst sehen, wie sie den perfekten Schlag machen oder geschmeidig über die Stange fliegen.

Diese Technik ist genauso wertvoll für Menschen mit einem niedrigen Selbstwertgefühl. Wenn man Erfolg haben will, muß man innerlich sehen, wie man Erfolg hat. Um selbstbewußter zu werden, muß man sich selbst als einen Menschen mit einem hohen Selbstwertgefühl sehen. Spielen Sie innerlich Filme ab, in denen Sie auf eine schwierige Herausforderung zugehen und beobachten Sie die Art und Weise, wie Sie das Problem gelassen und selbstsicher meistern. Wenn wir solche Bilder stark genug in unsere Gedanken »einbrennen«, werden sie ein Teil unseres Unterbewußtseins und wir fangen an zu erwarten, daß wir erfolgreich sind.

Einige Christen haben kürzlich dieses Imaginieren angegriffen und gesagt, es sei irgendwie okkult und unchristlich. Aber nichts könnte weiter von der Wahrheit entfernt sein. Die Schrift ermutigt uns immer wieder, im Glauben zu beten und erklärt, daß die Antwort auf unsere Gebete in dem Maße kommen wird, wie wir Glauben haben. Diese Art, zu »sehen«, wie Dinge geschehen, ist eine sehr konkrete Art, diesen Glauben zu praktizieren.

Wir, die wir uns selbst in unseren Gedanken lange herabgesetzt haben, spielen innerlich ebenfalls Filme ab. Aber diese Filme zeigen unser Versagen. Wir spielen die Szenen früheren Versagens immer und immer wieder ab, und wenn wir vor einer Herausforderung stehen, sorgen wir uns auf diese Weise. Denken Sie daran: Unser Verstand denkt in Bildern und Symbolen, nicht in Worten. Wenn wir uns also sorgen, sehen wir Szenen vor uns, in denen wir versagen. Manchmal können wir uns dieses Versagen sehr lebhaft vorstellen. Wir sehen, wie uns etwas peinlich ist, wie wir versagen, wie wir dumm dastehen. Das wiederholte Abspielen dieser Filme in unserem Kopf wird zu einer Gewohnheit, und dann beeinflußt es unser gesamtes Verhalten. Norman Cousins schrieb einmal: »Es gibt nichts, was die Menschen unsicherer macht, als wenn sie sich auf Kosten ihrer Träume ständig um ihre Ängste drehen.«

Nehmen wir einmal an, Sie sind auf dem Weg ins Büro und wissen, daß es ein arbeitsreicher, fordernder Tag wird. Während Sie zur Arbeit fahren, fällt es nicht schwer, sich vorzustellen, wie der Tag aussehen wird: Menschen mit angespannten Nerven und eine Menge Probleme, die geballt und in rascher Folge auf Sie zukommen. Sie werden gestreßt und erschöpft sein, der Nachmittag wird sich endlos hinziehen und Sie werden den Feierabend kaum erwarten können. Der Film spielt sich in Ihren Gedanken so deutlich ab, als säßen Sie vor einem Fernseher.

Jemand hat einmal gesagt, wir bekämen vielleicht nicht das, was wir wollen, aber wir würden immer das bekommen, was wir erwarten. Und wenn wir erwarten, daß wir einen schrecklichen Tag voller Spannungen und Probleme haben werden, dann wird unser Tag sehr wahrscheinlich genauso werden, wie wir ihn uns vorstellen. Wenn wir dagegen deutlich sehen können, wie wir die Herausforderungen des Tages genießen und ohne Ermüdung und Anspannung arbeiten, wie wir die Menschen genießen, mit denen wir zu tun haben, wie wir über gewisse

Unstimmigkeiten, die auftauchen, lachen und erfolgreich eine Vielzahl von Problemen bewältigen, ist es viel wahrscheinlicher, daß unser Tag diesem Bild ähneln wird. Louis E. Tice, Präsident des *Pacific Institute*, nennt dies das »Gesetz der gezielten Aufmerksamkeit«: Sie werden auf das zugehen, was sich in Ihren Gedanken befindet.

Die wichtigsten Fragen, sagt Tice weiter, sind Fragen wie diese:

- Wie soll meine Zukunft aussehen?
- Wie würde meine Ehe aussehen, wenn sie optimal laufen würde?
- Wie wird unser neues Haus aussehen?
- Wie genau stelle ich mir einen idealen Abend mit meiner Familie vor?
- Wie stelle ich mir mein Geschäft vor, wenn es optimal läuft?

Da wir wie lebendige Magneten sind, wenn wir uns diese Szenen stark genug und oft genug vorstellen können, werden sie auf geradezu »unheimliche Art und Weise« Wirklichkeit werden. Ein berühmter Restaurantbesitzer wurde einmal gefragt: »Wann begann Ihr Erfolg?«

»Ich war erfolgreich, als ich auf Parkbänken schlief«, war seine Antwort, »denn ich wußte, was ich tun wollte, und ich konnte mir mein erfolgreiches Restaurant genau vorstellen als das beste Restaurant am Ort. Es war einfach eine Frage der Zeit, wann dieses Bild Wirklichkeit werden sollte.«

Thomas Watson Sr. war 40 Jahre alt, als er Hauptgeschäftsführer einer kleinen Firma wurde, die Wurstschneidemaschinen, Uhren und einfache Lochkartenlesegeräte herstellte. Ein Jahrzehnt vor ihrem ersten kommerziellen Gebrauch erkannte er die unglaublichen Möglichkeiten einer Maschine für die Verarbeitung und Aufbewahrung von Informationen – eines Computers. Er gab seiner kleinen Firma einen neuen Namen, der zu seinem Ziel paßte – *International Business Machines Corporation*. Als er am Ende seines Lebens gefragt wurde, ab wann er sah, daß *IBM* dermaßen groß und erfolgreich sein würde, antwortete er: »Gleich von Anfang an.«

Ein Mann namens George Lopez erzählte mir von seiner Jugend in einem spanischen Viertel von Los Angeles. Er sagte, daß er damals für den Kampf lebte.

»Ich fuhr für gewöhnlich nach San Pedro, eine Hafengegend, parkte meinen Ford, lehnte mich dagegen und wartete darauf, daß irgendein Bandenmitglied einen Kampf mit mir beginnen würde, einfach, weil ich meine Fähigkeiten verbessern wollte. In der Schule lernte ich nie, deshalb bekam ich nur Dreien und Vieren. Als ich in der letzten Klasse war, sagten einige meiner Freunde, daß sie aufs College gehen würden.

›College, was ist das?‹ fragte ich.

›Naja, College, da geht man nach der Schule hin‹, sagten sie mit einem Achselzucken.

Also entschloß ich mich, mit meinen Freunden zu gehen, und im nächsten Herbst befand ich mich im Gemeinde-College von El Camino. Ich hatte nicht gelernt, wie man lernt, und schwänzte den Unterricht so wie bisher, so daß ich innerhalb weniger Wochen auf dem besten Wege war, vom College geworfen zu werden, was mir nicht viel ausmachte. Das ging so, bis eines Tages ein Geschichtsprofessor, Donald R. Haydu, aus irgendeinem Grund begann, sich für mich zu interessieren und mit mir über meine Möglichkeiten zu sprechen. Nie zuvor hatte ein Lehrer so mit mir gesprochen. Über einige komplizierte Umwege entschied ich mich im darauffolgenden Semester, Arzt zu werden. Ich werde nie den Tag vergessen, an dem ich mich dazu entschloß. Ich hatte ausgerechnet, daß mich meine Ausbildung 55.000 $ kosten würde, und ich hatte 44 Cents in der Tasche. Mein Vater war dagegen, daß ich das College besuchte und hatte mir bereits gesagt, daß er mir nicht helfen würde. Aber irgendwie wußte ich, daß ich Arzt werden würde.

Als ich organische Chemie lernte, war ich weit hinter allen anderen Studenten zurück. Deshalb las ich die Kapitel vor dem Unterricht, ging sie dann noch einmal durch und versuchte, die Aufgaben zu lösen. Dann versuchte ich noch einmal, sie zu lösen, diesmal von hinten nach vorn. Ich verstand immer noch nicht viel davon, aber ich ging den Stoff wieder und wieder durch, so daß ich, wenn ich in die Vorlesung kam, den Stoff bereits drei- oder viermal durchgearbeitet hatte. Wenn ich dann die Vorlesung hörte, konnte ich gute Fragen stellen und mit einem Mal blickte ich durch.

Ich ging damals um 6.00 Uhr zur Uni und verließ das Gelände erst, als die Bücherei um 23.00 Uhr schloß. Wenn ich nachts nach Hause *ging, stellte ich mir vor, ich sei Arzt. ›Dr. med. George Lopez‹. Ich stellte mir vor, wie ich Patienten untersuchte und operierte. Ich stellte mir meinen Namen an der Tür vor: ›Dr. med. George Lopez‹, und ich sah, wie ich neue medizinische Entwicklungen herbeiführte. Ich spielte diese »Kassette« immer wieder ab, und ich bin überzeugt, daß es das war, was mich befähigte, am nächsten Morgen voll Energie aufzuwachen.«*

Das Ergebnis? Dr. med. George Lopez schloß seine medizinische Ausbildung mit Auszeichnung ab, wurde bald der Leiter einer großen Gruppe von niedergelassenen Ärzten und besitzt jetzt eine Firma, die sechs medizinische Patente, die er entwickelt hat, vermarktet. Diese Geräte werden im nächsten Jahrzehnt Tausenden das Leben retten.

Die folgenden Punkte sind praktische Vorschläge für eine positive Visualisation:

1. Finden Sie eine feste Zeit und einen festen Platz

Diejenigen, die mentale Übungen praktizieren, nehmen sich für gewöhnlich genau wie Lopez jeden Tag 15 bis 20 Minuten Zeit für positive Vorstellungen. Man kann das tun, während man zur Arbeit fährt oder während des Mittagessens, früh am Morgen oder am Ende des Tages, wie es bei ihm der Fall war. Aber es ist wichtig, eine bestimmte Zeit und Situation dafür zu haben, denn das hilft, bei dieser Übung ins Träumen zu kommen.

Stellen Sie sich in einer der Traumphasen vor, wie Sie einen geschäftlichen Sieg erringen, und genießen Sie das Erlebnis. Oder es ist für Sie wichtig, sich vorzustellen, wie Sie glücklich im Kreis Ihrer Familie sitzen. Vielleicht freuen Sie sich auch nur über einen sportlichen Erfolg oder darüber, daß die Waage Ihr Wunschgewicht anzeigt. Wir müssen diese Filme immer wieder abspielen, denn negative Zustände in unseren Gedanken können fest verwurzelt sein, und man braucht regelmäßige Übung über einen langen Zeitraum, um sie so zu verändern, daß man die Zukunft in einem positiven Licht sehen kann.

2. Stellen Sie sich vor, wie es jetzt geschieht

Träumen Sie keine vagen Tagträume von einer Zukunft in einer Traum-
welt. Stellen Sie sich die Szene statt dessen so vor, als geschähe es gerade jetzt. Als Thomas Fatjo 36 Jahre alt war, hatte er aus 500 $ und
einem gebrauchten Müllwagen die größte Müllabfuhrfirma im ganzen
Land gemacht. Fatjo schreibt einen großen Teil seines Erfolges dem zu,
was er »kreatives Träumen« nennt. Er schreibt:

> *Im Anfangsstadium unserer ersten Müllabfuhrfirma in Houston
> stellte ich mir zum Beispiel immer vor, wie Müllwagen, eine ganze
> Flotte blauer Laster, im frühen Morgennebel von unserem Gelände
> in die Straßen von Houston fuhren. In meiner Vorstellung konnte ich
> die Lastwagen und die Männer ›sehen‹, wie sie sich durch die
> Straßen unserer Stadt bewegten.*
> *In diesen Zeiten des Träumens war ich nicht mit dem Planungs-
> prozeß beschäftigt und damit, wie ich diese Phantasien realisieren
> könnte. In meiner Vorstellung hatte ich vielmehr Traumbilder, in
> denen die Ziele bereits erreicht waren.«*[11]

3. Setzen Sie Ihre Sinne ein

Diejenigen, die in der Lage sind, sich die Zukunft äußerst positiv vorzustellen, benutzen ihre fünf Sinne, um so viele Einzelheiten wie möglich
zu bekommen. Hören Sie die Geräusche des Ereignisses, spüren Sie das
Triumphgefühl, versuchen Sie, den Erfolg zu riechen, der in der Luft
liegt, während es geschieht. Nehmen wir zum Beispiel einmal an, es
fällt Ihnen schwer, sich bei sozialen Ereignissen zu entspannen. Stellen
Sie sich vor, wie Sie auf einer Party sind. Hören Sie, wie die Kinder
fröhlich in einem anderen Zimmer spielen. Genießen Sie den Anblick
und den Duft der sorgfältig vorbereiteten Blumengestecke. Schmecken
Sie das Essen und sehen Sie sich selbst, wie Sie Ihre Rolle zuversichtlich und mit Genuß ausfüllen.

4. Seien Sie realistisch in Ihren Visionen

Wenn Sie sich nicht lebhaft und detailliert vorstellen können, wie Ihr
Traum Wirklichkeit wird, müssen Sie Ihre Erwartungen etwas tiefer an-

setzen. Louis Tice besitzt heute eine Multimillionen Dollar-Firma, die für *Fortune 500*-Firmen Seminare über hervorragende Qualität und Leistung abhält.

>*Als ich als Lehrer 20.000 $ im Jahr verdiente*«, sagt Tice, »*wäre es für mich nur eine verrückte Idee gewesen, mir das Jahreseinkommen vorzustellen, das ich jetzt habe. Wenn Sie sich nicht lebhaft vorstellen können, wie es wäre, jährlich 500.000 $ zu verdienen, was können Sie sich dann vorstellen? 100.000 $? 30.000 $? Als ich weniger als 2.000 $ pro Monat verdiente, fragte ich mich, wie es wohl wäre, 2.500 $ zu verdienen, und ich fragte mich, ob ich mein Einkommen so weit steigern könne. Nach einiger Zeit beschloß ich, daß ich das könnte und begann, es mir vorzustellen. Es dauerte natürlich nicht lange, bis es geschah. Dann begann ich mir vorzustellen, wie ich 3.000 $ verdiente, und so weiter.*«

Einige geistliche Leiter machen sich schuldig, indem sie zuviel versprechen. Sie sagen, man könne alles haben. Man müsse nur genug glauben und hart genug arbeiten. Das sind lächerliche Platitüden. Aber wenn wir auf solch unverantwortliches Gerede reagieren, kann es leicht geschehen, daß wir das Kind mit dem Bade ausschütten und ganz aufhören zu träumen. Und das wäre fatal.

Neil Armstrong sagte kurz nach seinem historischen ersten Schritt auf den Mond in einem Interview: »Seit meiner Kindheit habe ich immer geträumt, daß ich etwas Wichtiges in der Luftfahrt tun würde.«

Teil III

Schritte in die Unabhängigkeit

Kapitel 7

Lösen Sie sich von den Erwartungen anderer Menschen

> *Gleicht euch nicht dieser Welt an,*
> *sondern wandelt euch*
> *und erneuert euer Denken ...*
> – Römer 12,2 –
>
> *Ich kann Ihnen keine Formel für den Erfolg geben,*
> *wohl aber eine Formel für den Mißerfolg.*
> *Sie lautet: Versuchen Sie, es jedem recht zu machen.*
> – Herbert Bayard Swope –

Sydney J. Harris ging eines Abends mit einem Freund in New York City spazieren. Sein Freund, ein Quäker, blieb stehen, um eine Zeitung zu kaufen. Der Zeitungsjunge war mürrisch und unhöflich, als er das Wechselgeld herausgab, aber Harris' Freund sah ihm in die Augen und verabschiedete sich freundlich, als er ging.

»Der Kerl war ja ziemlich schlecht gelaunt, was?« fragte Harris.

»Oh, er ist jeden Abend so«, sagte sein Freund achselzuckend.

»Warum bist du dann weiter so freundlich zu ihm?« fragte Harris.

»Warum nicht?« erwiderte sein Freund. »Warum sollte ich ihn entscheiden lassen, wie ich handeln werde?«[12]

Der Quäker wußte offensichtlich, wie man unabhängig lebt. Er war ein Mensch mit einem stabilen inneren Schwerpunkt, der sich selbst in der Hand hatte. Es ist dieser innere Schwerpunkt – eine Gewißheit, wer wir sind und wie wir leben wollen –, nach dem wir streben müssen, wenn wir ein echtes Selbstwertgefühl entwickeln wollen.

Leider sind die meisten von uns eher *re-aktiv*. Wir erlauben es den Menschen um uns herum, durch ihr Verhalten und ihre Erwartungen unsere Haltung zu bestimmen. Dieses und auch das folgende Kapitel handelt von der Kunst der Unabhängigkeit – wie Sie Sie selbst sein und trotz der Erwartungen und Forderungen der Menschen leben können. Der erste Schritt hin auf diese unabhängige Lebensweise ist:

> *Wagen Sie es, ein wenig exzentrisch zu sein.*

Menschen mit einem starken Selbstwertgefühl haben immer andere Menschen, die sie lieben und denen sie nahestehen, aber sie haben auch den Mut, anders zu sein als die, die sie umgeben. Wir können nicht ohne die Liebe anderer leben. Ja, im letzten Kapitel werde ich sogar betonen, wie wichtig es ist, ein Netz von starken Freundschaften aufzubauen, um das eigene Selbstbild zu stärken. Aber das ist etwas völlig anderes als das neurotische Bedürfnis, anderen zu gefallen. Es gibt viele Menschen, die uns gern gewisse Bedingungen aufdrängen würden, unter denen wir etwas wert sind. Ihnen nachzugeben bedeutet, sich auf ein Leben einzulassen, das im wachsenden Maß immer mühsamer wird.

Die Gefahren des Gefallenwollens

Dr. Neil Clark Warren, der ehemalige Dekan der *Fuller School of Psychology*, sagt, daß wir sehr viel seelische Energie darauf verschwenden, die Menschen zu beobachten, die für unser Leben wichtig sind, um herauszufinden, was sie von uns wollen. Und wenn wir meinen, Klarheit darüber zu haben, versuchen wir, der Mensch zu werden, der all diesen Anforderungen gerecht wird.

> *»Wenn man sich auf diese Strategie einläßt, wird man von allen Seiten gefordert. Meine Mutter will zum Beispiel, daß ich freundlich und höflich und liebevoll und nett bin. Mein Vater will, daß ich hart und zuversichtlich und ein Mensch mit klaren Grundsätzen bin. Meine Frau will, daß ich ein Tiger bin: stark, erfolgreich, aber auch*

*sensibel. Meine Freunde wollen, daß ich offen bin und Schwäche
zeigen kann, aber auch mutig bin. Die Schüler in unserer Schule
wollen, daß ich gut vorbereitet bin und alles gut durchdacht habe
sowie absolut kompetent und leistungsstark. Das Seminar will, daß
ich konservativ, aber auch karitativ bin, kritisch und doch ohne Vor-
behalte. Sie möchten, daß ich sehr gut Spenden beschaffen kann,
ein Verwalter bin, ein Wissenschaftler und ein Lehrer. Die Gesellschaft erwartet meiner Meinung nach, daß ich maskulin bin und auf
sexuellem Gebiet nicht hinterm Mond lebe.*

*Manchmal würde ich am liebsten laut ausrufen: ›Ich schaffe es ein-
fach nicht!‹ Und von irgendwoher höre ich eine Stimme: ›Wenn du
es nicht schaffst, dann tu einfach nur so.‹ Und die Herausforderung,
ein guter Schauspieler zu werden, wird zur größten Herausforderung von allen. Wir erschaffen Masken und lernen Rollen. Wir werden zu Schauspielern und Schauspielerinnen und Verwandlungs-
künstlern. Jedesmal, wenn wir in unserem Leben jemandem begegnen, der eine andere Erwartung hat, wechseln wir rasch von einer
Rolle zur nächsten. Andere Menschen meinen, wir seien erstaunlich. Sie sind stolz auf uns. Sie suchen unsere Gesellschaft. Sie be-
fördern uns und geben uns aufgrund unserer Leistungen Gehalts-
erhöhungen und Umarmungen und Trophäen. Wir bedeuten ihnen
sehr viel, aber wir sind uns selbst fremd geworden. Wir haben
jedermanns Bedürfnisse befriedigt, nur unsere eigenen nicht.«*[13]

Kehren Sie zu Ihrem Mittelpunkt zurück

Die Alternative zu all dem ist, so Warrens glückliche Feststellung, daß
man »zu seinem eigenen Mittelpunkt zurückkehrt« und aus dem wahren
Kern heraus lebt. Psychoanalytisch ausgedrückt heißt das, daß man das
»Ich« als die Instanz sieht, die Entscheidungen trifft. Das Ego erhält
Informationen vom »Es« – unseren lärmenden, instinktiven Wünschen
– und hört auf die ebenfalls lautstarken Forderungen des »Über-Ichs«,
das all die »man sollte«, »man müßte«, »man sollte nicht« einschließt,
die wir von zahllosen wichtigen Menschen gehört haben. Das Ego trifft
dann seine Entscheidung aus jenem starken Mittelpunkt heraus, der
unser Kern ist. Wir haben die Kraft, solche Entscheidungen zu treffen,

so Warren, indem wir die bedingungslose Liebe Gottes zu uns annehmen. Wenn wir diese Erfahrung der Gnade annehmen und aus solch einem Mittelpunkt heraus leben, dann werden wir weder unseren ständig drängenden, instinktiven Wünschen noch den Menschen um uns herum erlauben, unser Leben durch ihre Erwartungen und Forderungen zu kontrollieren.

Es ist ein befreiender Schritt, sich zu entscheiden, daß man nicht mehr das sein will, was andere von einem erwarten. Vor allem dann nicht, wenn das bedeuten würde, daß wir dafür heucheln müssen. Obwohl die Sängerin Risë Stevens gelernt hatte, auf der Bühne selbstsicher und gelassen zu arbeiten, verschwand die Selbstsicherheit, die sie vor dem Publikum empfand, in Situationen des gesellschaftlichen Lebens. Sie sagte: »Mein Unbehagen entstand, weil ich versuchte, jemand zu sein, der ich nicht war – ein Star, und zwar sowohl im Wohnzimmer als auch auf der Bühne. Wenn ein kluger Mensch einen Witz machte, versuchte ich, ihn noch zu überbieten – und schaffte es nicht. Ich tat so, als sei ich mit Themen vertraut, von denen ich keine Ahnung hatte.«

Nachdem sie gesehen hatte, wie kläglich sie bei dieser Methode versagte, hatte sie ein offenes Gespräch mit sich selbst: »Mir wurde klar, daß ich einfach kein geistreicher Kopf oder Intellektueller bin und daß ich nur erfolgreich sein konnte, wenn ich ich selbst war. Dann stellte ich mich meinen Fehlern und begann, bei Partys zuzuhören und Fragen zu stellen, statt zu versuchen, die Gäste zu beeindrucken. Ich entdeckte, daß ich viel von anderen lernen konnte. Wenn ich sprach, versuchte ich, etwas zur Unterhaltung beizutragen und nicht, zu glänzen. Sofort begann ich, eine neue Wärme in meinen sozialen Kontakten zu verspüren … Dadurch bekam ich eine völlig neue Freude am Kontakt mit Menschen. Sie mochten das ›wirkliche Ich‹ lieber.«[14]

Sind Frauen in bezug auf ihre Identität stärker von Beziehungen abhängig?

Die meisten Studien zeigen, daß Frauen größere Schwierigkeiten haben, ihre Einzigartigkeit zu etablieren als Männer. Die alte Klischeevorstellung besagt, daß Männer für ihre Arbeit leben und Frauen für die Liebe. Folglich leiden Frauen stärker, wenn eine Beziehung endet, es zu einer Scheidung kommt oder eine Freundschaft kaputt geht.

Bedeutet das, daß Frauen von Natur aus schwächer und abhängiger sind? Ganz und gar nicht. Das hängt vielmehr mit der Tatsache zusammen, daß die meisten kleinen Kinder während der ersten Lebensjahre mehr Zeit mit ihren Müttern verbringen als mit ihren Vätern. Nancy Chodorow hat auf diesem Gebiet aufschlußreiche Arbeit geleistet. Sie weist darauf hin, daß ein kleiner Junge schon bald erkennt, daß er nicht wie seine Mutter ist und daß er sich von dieser Person unterscheiden muß. Maskulinität wird durch Trennung definiert. Ein Mädchen dagegen verspürt diese Notwendigkeit nicht und bleibt eng mit ihrer Mutter verbunden. Diese Tatsachen haben große Auswirkungen auf die Art, wie wir als Erwachsene mit Dingen fertig werden. Männer entwickeln sich häufig so, daß sie keine Probleme mit Unabhängigkeit haben, dafür aber mit Nähe. Frauen entwickeln sich oft so, daß sie keine Probleme mit Beziehungen haben, dafür jedoch mit Unabhängigkeit.

Bei Frauen wird etwa zwei bis sechsmal so oft die Diagnose einer Depression gestellt wie bei Männern, und 70 % aller stimmungsverändernden Medikamente werden von Frauen genommen. Woher kommt dieser Unterschied? Maggie Scarf hat mit dem, was sie als Ursache herausgearbeitet hat, wahrscheinlich recht:

> *»Frauen sind häufiger depressiv, weil sie gelehrt worden sind, abhängiger zu sein und mehr nach Zuneigung zu suchen, und deshalb erlangen sie nur selten ein unabhängiges Selbstgefühl. Eine Frau legt höchste Priorität darauf, anderen zu gefallen, für andere attraktiv zu sein, umsorgt zu werden und für andere zu sorgen. Frauen erhalten ein scharfes Training in eine Richtung, die sie davon wegführt, zu denken ›Was will ich?‹ und hin zu dem Denken ›Was wollen sie?‹«*[15]

Solch eine abhängige Lebensweise macht einen Menschen sehr verletzlich. Die Persönlichkeit einer Frau, die noch nach einer Struktur sucht, könnte die Form der Menschen um sie herum annehmen. Und solange sie auf andere attraktiv wirkt und den wichtigen Menschen in ihrem Leben gefällt, hat sie ein gutes Selbstbild. Aber sobald ihre Ehe zerbricht oder eine Freundschaft auseinander geht oder ihre Kinder sie ausschließen, fühlt sie sich demzufolge oft leer und einsam.

Beziehungen sind sehr wichtig für ein gesundes Selbstwertgefühl, aber wir geraten in Schwierigkeiten, wenn wir unseren Wert darin gründen, wie sehr wir den Menschen um uns herum gefallen. Denn früher oder später werden sich die meisten von uns in Situationen wiederfinden, in denen wir scheinbar von allen Seiten kritisiert werden.

Umgang mit Kritik

Wenn wir ein gewisses Gefühl von Unabhängigkeit erlangen wollen, ist es absolut unvermeidbar, daß wir lernen, mit Kritik umzugehen. Einige von uns haben große Probleme mit Kritik, und das schwache Selbstbild eines Menschen kann von einer einzigen negativen Bemerkung endgültig zerstört werden. Aber mit etwas Übung ist es möglich zu lernen, wie man angesichts seiner Kritiker ruhig und sicher bleiben kann.

Winston Churchill schrieb einmal über den britischen General Tudor, der bei dem großen deutschen Angriff vom März 1918 eine Division unter sich hatte: »Tudor machte auf mich den Eindruck eines Eisenpflocks, der unbeweglich in den gefrorenen Boden gehämmert war.« In diesem Krieg standen die Chancen sehr schlecht für ihn, aber Tudor wußte, wie man einer scheinbar unbesiegbaren Macht begegnet. Er stand einfach fest da und ließ jene Macht sich verausgaben. Solche Stärke angesichts von Schwierigkeiten und Kritik ist nötig, wenn wir zuversichtlich und unabhängig sein wollen.

Nichts von diesen Dingen ist etwas wirklich Neues. Die Menschen sagen uns immer, daß wir über der Kritik stehen und auf unseren eigenen Rhythmus hören sollen. Aber es ist ein großer Schritt vom guten Rat bis zur tatsächlichen Unabhängigkeit. Wie können Sie also Ihre Individualität am besten behaupten? Hier sind einige typische Merkmale, die ich bei Menschen beobachtet habe, die ein gesundes, nichtangepaßtes Leben führen:

Sie sagen, was sie denken.

Unsere Unterhaltungen könnten interessanter sein, wenn wir unsere Meinung ohne unsere zahllosen Filter zum Ausdruck bringen würden. Wie sind wir beispielsweise auf die Idee gekommen, daß man in einer höflichen Gesellschaft nicht über Politik und Religion diskutiert? Wie sollen wir in aller Welt interessante Unterhaltungen führen, ohne über

Politik und Religion zu diskutieren? Natürlich gibt es streitsüchtige Menschen, die nur deshalb widersprechen, weil sie einen Streit vom Zaune brechen wollen. Ich will hiermit sagen, daß Sie nicht aus Prinzip anderer Meinung sein müssen. Aber für jeden Menschen dieser Art kann man 200 andere vorzeigen, die langweilig sind, weil sie so sehr bemüht sind, niemandem zu nahe zu treten.

Als Maggie Kuhn, eine ehemalige Missionarin und Sprecherin der »Grauen Panther«, 76 Jahre alt war, hörte ich sie über einige ihrer Altersgebrechen sprechen: »Ich hatte dreimal Krebs«, sagte sie, »und mir geht es gut. Ich habe auch Arthritis in meinen Fingern und Knien, und trotzdem bewege ich mich weiter.« Worauf führte sie all dies zurück? Auf die Freiheit, mit der sie ihrer Meinung Ausdruck verlieh. »Das Alter ist eine hervorragende Zeit, Dinge zu tun, über die sich andere aufregen«, sagte sie. »Es ist mein Ziel, jede Woche mindestens eine unerhörte Sache zu sagen oder zu tun.«

Sie probieren vieles aus.

Louis Fischer, der Gandhis Biographie schrieb, sagte, daß sich der große indische Führer immer »das Recht vorbehielt, mit sich selbst uneins zu sein«. Sein Leben war ein nie endendes Experiment, und Fischer sagt, daß er selbst mit über siebzig Jahren noch experimentierte. »Er hatte nichts Langweiliges an sich. Er war kein angepaßter Hindu oder ein angepaßter Nationalist oder ein angepaßter Pazifist. Gandhi war unabhängig, ungebunden, unberechenbar und somit aufregend und schwierig. Eine Unterhaltung mit ihm war eine Entdeckungsreise: Er wagte es, ohne Landkarte überall hinzugehen.«

Sie sagen manchmal »nein« zu anderen, um zu sich selbst »ja« zu sagen.

»Ich kann Ihnen gar nicht sagen, wieviel Zeit meines Lebens ich bei gesellschaftlichen Ereignissen verbringe, an denen ich eigentlich gar nicht teilnehmen möchte«, sagte kürzlich ein Mann zu mir.

»Wollen Sie damit sagen, daß Ihr Beruf diese gesellschaftlichen Verpflichtungen mit sich bringt?« fragte ich.

»Nein, es sind Dinge, zu denen uns Freunde oder Verwandte einladen, und wir wollen ihre Gefühle nicht verletzen.«

Man kann »nein« sagen und freundlich dabei sein. Und selbst wenn wir andere manchmal beleidigen, ist das immer noch besser als ein zuckersüßes Leben, in dem unsere Handlungen nur von den Wünschen anderer bestimmt werden. Es gibt Zeiten, wo wir »nein« zum Guten sagen müssen, um »ja« zum Besten sagen zu können.

Es gibt Zeiten, wo wir um unserer eigenen Identität willen den Bemühungen der Leute widerstehen müssen, die uns manipulieren wollen. Anthony Brandt berichtet von einer Frau, die einen Freund anrief und ihn bat, ihren Gas- und Wasserinstallateur anzurufen und sich zu beschweren, weil er in ihrem neuen Bad nicht die richtigen Armaturen angebracht hatte. Er hielt das für eine seltsame Bitte, aber er erkannte auch, daß ihre Freundschaft auf dem Spiel stand. Gleichzeitig war ihm klar, daß es keinen vernünftigen Grund für ihn gab, als Vermittler zu fungieren. Sie hätte sich selbst beschweren müssen. Schließlich sagte er nein – und verlor eine Freundin. In solchen Situationen können wir sorgfältig erklären, daß uns die Bitte unangemessen erscheint, und trotzdem deutlich zum Ausdruck bringen, daß uns der andere nicht gleichgültig ist und daß wir die Freundschaft nicht verlieren wollen. Aber wenn andere unsere Willfährigkeit zur Bedingung für die Beziehung machen, dann ist es möglicherweise nicht schade um die Freundschaft.

Sie lernen ständig.

Die letzten Jahre des großen Malers Renoir waren auf gewisse Weise ein Triumph für ihn. Obwohl er als einer der frühen Impressionisten diffamiert worden war, wurde er schließlich doch sehr bekannt, und Kunsthändler aus aller Welt wetteiferten um seine Werke. Und dennoch hörte er nicht auf zu malen. Sein Sohn Jean schrieb:

> *»Sein Körper versteinerte immer mehr. Seine verkrümmten Hände konnten nichts mehr greifen ... ja, seine Haut war so empfindlich geworden, daß der Pinselstiel sie wundscheuerte. Um diese Unannehmlichkeit zu vermeiden, ließ er sich ein Stück weiches Leinen in den Handteller legen. Seine verknöcherten Finger klemmten den Pinsel mehr ein, als daß sie ihn hielten. ... Unter diesen Umständen malte er die ›Großen Badenden‹. Er glaubte, hier die Bemühungen seines ganzen Lebens zusammengefaßt und ein gutes Sprungbrett*

für die Zukunft geschaffen zu haben. ... Aus seiner aufs äußerste vereinfachten Palette, auf deren Oberfläche ein paar winzige Farbhäufchen verloren lagen, entströmten Gold und Purpur, der Glanz des jungen, von gesundem Blut geschwellten Fleisches, der Zauber des sieghaften Lichts ...«

Jean Renoir erzählt auch, was sein Vater an seinem Todestag tat:

»Eine Lungenentzündung hielt ihn im Schlafzimmer fest. Er bat um Malkasten und Pinsel und malte die Anemonen, die Nänette, unser freundliches Hausmädchen, für ihn gepflückt hatte. Mehrere Stunden lang identifizierte er sich mit diesen Blumen und vergaß sein Leiden darüber. Dann gab er ein Zeichen, man möge ihm den Pinsel wieder abnehmen, und sagte: ›Ich glaube, allmählich verstehe ich etwas davon.‹«[16]

»Ich glaube, allmählich verstehe ich etwas davon« – eine typische Bemerkung für kreative Individualisten. Ganz gleich, wie alt sie sind – solche Menschen leben immer am Rande neuer Erkenntnisse, neuer Gebiete und neuer Entdeckungen.

Sie verbringen Zeit mit Menschen, die sie in ihrer Nonkonformität bestätigen.

Es ist ein seltenes Geschenk, Menschen zu finden, die treu sind, einen schützen und einem den Freiraum geben, man selbst zu sein. Man lernt, sie hoch zu schätzen und ihnen denselben Freiraum zu gewähren, den sie einem geben. Ich bin mit einer Frau gesegnet, die mir meine Exzentrizität erlaubt. Von Zeit zu Zeit agieren wir in unseren individuellen Bereichen, treffen uns jeder mit seinen Freunden, verfolgen unterschiedliche Ziele. Aber das Schöne daran ist, am Abend zusammenzukommen, einander von unseren unterschiedlichen Tagen zu berichten und geliebt zu werden, ohne sich verändern oder vorgeben zu müssen, jemand anders zu sein, als man wirklich ist.

Das gilt auch für Mark Swensson, mit dem ich mich seit 18 Jahren einmal die Woche zum Mittagessen treffe. Einerseits haben wir nicht viele Gemeinsamkeiten: Er ist älter als ich und ein Einwanderer aus

Schweden. Ich habe die Hälfte meines Lebens mit meiner Ausbildung zugebracht, er hat sich dagegen nicht besonders viel aus einer offiziellen akademischen Laufbahn gemacht. Er liebt Oper, ich nicht. Und trotzdem freue ich mich jedesmal sehr auf unsere Treffen. Im Laufe der Zeit durfte ich erkennen, was mit ein Grund für diese Freude ist: Mark gibt mir die Freiheit, ich selbst zu sein.

An manchen Tagen bin ich begeistert über das, woran ich gerade schreibe. Ein andermal will ich mir etwas von der Seele reden und über all die Dinge, die schief gehen, und über all die Leute, die mich anscheinend unbedingt in die Pfanne hauen wollen, beklagen. Vielleicht gefällt ihm nicht alles, was er in mir sieht, aber ich weiß, daß er nicht Hals über Kopf unsere Freundschaft abbrechen wird, nur weil er mit irgend etwas nicht einverstanden ist. Zum Teil ist das so, weil er selbst etwas von einem Nonkonformisten hat.

Sie sind ständig kreativ.

Es gibt noch eine andere Art, wie Sie Ihre Individualität entwickeln können: Nehmen Sie sich Zeit für kreative Unternehmungen. Erik Erikson sprach über die Notwendigkeit, im Alter Stagnation zu vermeiden, und zwar mit etwas, was er *Generativity* [»schöpferische Produktivität«] nennt. In einigen Phasen unseres Lebens wird das Bedürfnis nach *Generativity* vielleicht dadurch erfüllt, daß man Kinder bekommt und großzieht, aber wenn man keine Kinder hat oder wenn die Kinder das Nest verlassen, bleibt das Bedürfnis nach Kreativität.

Gute Therapeuten drängen ihre Klienten, soviel Kontakt wie möglich mit Kunst und Musik zu haben und mehr zu tun, als nur zuzusehen oder zuzuhören. Sie sollten malen, zeichnen, Skulpturen machen, singen. Jemand hat einmal gesagt, daß unser Land mehr schlechte Musik brauche. Damit meinte er, daß wir mehr Musik brauchen, die zu Hause gemacht wird, spontan komponiert wird, einfach nur, weil es Spaß macht.

Sie verlassen den ausgetretenen Pfad.

»Bleiben Sie nicht immer nur auf den öffentlichen Straßen«, sagte Alexander Graham Bell einmal. »Verlassen Sie gelegentlich den Trampelpfad und tauchen Sie in den Wäldern unter. Sie werden mit Sicherheit etwas finden, was Sie nie zuvor gesehen haben.«

John Huston Finley war ein Individualist, der recht oft den Trampelpfad – ganz wörtlich genommen – verließ. Seine Vielseitigkeit war bemerkenswert. Er war Lehrer in *Princeton*, College-Präsident am *Knox College* und am College der Stadt New York, Erziehungs- und Bildungsbeauftragter im Bundesstaat New York und ein Herausgeber der Zeitung *The New York Times*. Nicht zuletzt wurde er wegen seiner langen Spaziergänge und Wanderungen sehr bewundert. Er steckte sich zum Beispiel jedes Jahr an seinem Geburtstag eine blaue Distel in das Revers, warf sich einen karierten Schal um den Hals und ging los, ohne Hut und Mantel, um munter *Manhattan Island* zu umrunden, bevor er in seinem Büro bei der *Times* eintraf und einen vollen Arbeitstag bewältigte. Es wird berichtet, daß er eines Tages bei einem seiner »Spaziergänge« 116 km zurücklegte. Mehr als einmal ging er zu Fuß von New York nach Princeton.

Sie sind gern mit Kindern zusammen.

Kinder sind von Natur aus Nonkonformisten, die laut Wordsworth »Wolken voller Herrlichkeit verfolgen«. Jesus hatte zweifellos viele Gründe, warum er uns aufforderte, wie kleine Kinder zu werden, aber einer davon war sicherlich, daß sie uns helfen können, weniger an die Meinungen anderer Menschen zu denken und spontaner zu sein. Als Theodore Roosevelt und seine Familie auf *Sagamore Hill* wohnten, war dort immer ganz schön etwas los. Eines Tages machte er mit seinen vier Kindern einen ganzen Tag lang ein Picknick. Es war ein warmer Tag und die Kinder hatten keine Badeanzüge dabei. Roosevelt erlaubte ihnen, im Wasser zu waten, und es kam, wie es kommen mußte: Schon bald schwamm er gemeinsam mit ihnen voll bekleidet im Wasser. Als er und seine Kinder ins Haus kamen, die Teppiche naß machten und das Haus mit ihren Stimmen erfüllten, hörte man Mrs. Roosevelt sagen: »Ich habe tatsächlich fünf Jungen.«

Sie besitzen oft ein Flair.

Wenn wir unserem Instinkt folgen, werden die meisten von uns entdecken, daß sich ganz automatisch bestimmte Dinge entwickeln, die typisch für uns sind. Pat Kennedy erinnert sich an ihre Mutter Rose:

»Ich erinnere mich an Mamas Gutenachtkuß, wenn sie mit Papa ausging. Mein Zimmer war dunkel, und diese Erscheinung kam beinahe wie aus dem Nichts und roch absolut wunderbar. Ich war von ihrem Parfum fasziniert – wir alle waren es –, und als wir Mädchen älter wurden, fragten wir, was für ein Parfum es sei. Aber sie verriet es nicht. Schließlich, als sie 75 Jahre alt war, sagte sie es uns. Jetzt tragen wir es alle. Es ist unser Lieblingsparfum. Aber als wir anfingen, alle gleich zu duften, wechselte Mutter die Marke und nahm etwas anderes.«[17]

Rose Kennedy hat zum Teil deshalb so lange und so gut gelebt, weil sie wußte, daß Gott uns nicht gemacht hat, damit wir gleich riechen, gleich aussehen und gleich handeln. Jeder von uns wurde einzigartig geschaffen, und die Entdeckung und der Ausdruck dieser Einzigartigkeit ist einer der Gründe, wofür wir auf diesem Planeten sind. Einer der Schritte zu Unabhängigkeit und Selbstvertrauen ist, der Konformität zu widerstehen und einige »kleine Exzentrizitäten« zu entwickeln.

Kapitel 8

Lösen Sie sich von Ihren Eltern

*Dem Kind fehlt die notwendige Ausrüstung und Erfahrung, um sich
ein zutreffendes Bild von sich selbst zu machen, und so ist sein einziger
Anhaltspunkt die Reaktion anderer auf seine Person.
Es hat nur sehr wenig Grund, diese Beurteilungen anzuzweifeln,
und es ist in jedem Falle viel zu hilflos,
um sie in Frage zu stellen oder sich gegen sie aufzulehnen.*
— Harry Stack Sullivan —

Am Anfang ihrer Karriere fragte sich Marlo Thomas, ob die
Menschen ihr Talent mit dem ihres Vaters, Danny Thomas, vergleichen würden. War sie so gut wie er? War sie so witzig wie
er? Danny stellte all dies klar.

»Du bist ein Vollblutpferd«, sagte er seiner Tochter von Anfang an,
»und Vollblutpferde beobachten die anderen Pferde nicht; sie laufen ihr
eigenes Rennen.« Kurz bevor Marlo ihre erste Rolle im Sommertheater
spielte, wurde ein Päckchen in ihrer Garderobe abgeliefert. In dem Päckchen befand sich ein Paar Scheuklappen für Pferde und eine kurze
Mitteilung von ihrem Vater: »Lauf dein eigenes Rennen, Kind.«[18]

Es war weise von Danny Thomas, seinem Kind einen solchen Rat
zu geben, denn viele von uns wurden nicht so bereitwillig von ihren
Eltern losgelassen. Wir verspüren immer noch Wellen der Selbstanklage
und Schuld, die von diesen frühen Beziehungen herrühren. Das kann
sich auch dann noch fortsetzen, wenn unsere Eltern schon längst ver-
storben sind. Ich staune jedesmal neu, mit welcher Macht unsere frühen
Familienerlebnisse weiter an uns zerren, selbst wenn die Hauptbetei-
ligten schon längst im Grab ruhen. Eine meiner Klientinnen, die bereits
über siebzig Jahre alt und nach einer erfolgreichen Verkaufskarriere in
den Ruhestand getreten ist, mußte eine Therapie beginnen, weil sie bei-

nahe jede Nacht von ihrer Mutter träumt und von ungelösten Problemen mit ihren Eltern gequält wird. Ihre Mutter ist seit 51 Jahren tot.

Der zweite Schritt zu einem unabhängigen Leben ist:

Schließen Sie so gut wie möglich Frieden mit Ihren Eltern.

Ein Jogger sitzt drei Kilometer von seinem Haus entfernt auf einer Bordsteinkante und schluchzt haltlos. Glücklicherweise ist es spät am Abend und seine Nachbarn sehen ihn nicht, aber es ist nicht das erste Mal, daß ihm das passiert. Ja, er berichtet mir, daß es fast zu einem automatischen Reflex wird, zu weinen, wenn er sich beim Laufen mehr verausgabt als sonst.

Wir haben es hier mit einem Mann zu tun, der nach den Maßstäben der meisten Menschen außergewöhnlich erfolgreich ist – ein Chirurg, der über die Hälfte seiner Zeit damit zubringt, Krankenhauschirurgen zu trainieren. Er wohnt in einem großen, zweistöckigen Haus im *Tudor*-Stil mit Bleiglasfenstern und mehreren Kaminen. Er ist groß, blond und schlank, mit einer intelligenten, temperamentvollen Frau verheiratet, und die beiden haben zwei Kinder, die genauso gut aussehen und so klug sind wie sie selbst.

Bei unserer ersten Sitzung wurde deutlich, daß dieser Arzt trotz seiner guten äußeren Lebensumstände von emotionalen Schmerzen zerfressen und von Selbsthaß geplagt wurde. Er geißelte sich selbst für viele Dinge, aber ich werde nur ein Beispiel nennen. Er sagte mir in unseren Sitzungen immer wieder, daß er sich während seines Medizinstudiums nicht genügend angestrengt hätte und die Möglichkeiten, die er damals hatte, besser hätte nutzen sollen. Das erschien mir unlogisch, denn ich wußte, daß er sofort nach Beendigung seiner Assistenzzeit im Krankenhaus gebeten worden war, Professor zu werden. Aber ganz gleich, wie sehr man mit ihm darüber diskutierte – er änderte seine selbstkritische Haltung in diesem Punkt nicht.

Mein Kollege und ich brauchten nicht lange, um festzustellen, daß dieser Klient nicht psychotisch war. Er hörte keine Stimmen und verlor niemals den Kontakt mit der Realität. Er ging jeden Tag zur Arbeit und »funktionierte« in Familie und Beruf hervorragend. Er wurde einfach nur von überwältigenden Ängsten und Selbstzweifeln zerfleischt. Die Symptome meines Freundes waren ein wenig deutlicher als die der meisten, aber viele der Menschen, mit denen ich arbeite, sind ihm ähnlich. Äußerlich scheinen sie wahre Muster von Zuversicht und Erfolg zu sein, aber im Inneren sind sie verwirrt und haben das Gefühl, daß jemand, der sie wirklich kennen würde, mit Abscheu reagieren müsse.

Ich stellte die Standardfragen nach traumatischen Erlebnissen in der Vergangenheit, und er berichtete nicht mehr als das Übliche. Auf welche Weise kann man solch einem Menschen helfen? Es würde nichts bringen, ihm zu erzählen, auf wieviele Dinge er stolz sein könne und wieviele Gründe er habe, selbstbewußt zu sein. Nein, alte Gefühle aus irgendeiner unbekannten Quelle überwältigten ihn von Zeit zu Zeit wie unerwartete Wellen am Strand. Solche Gefühle entstehen nicht aus dem Nichts; sie sind mit ziemlicher Sicherheit mit einem oder mehreren Erlebnissen in der Vergangenheit verbunden, die zu schmerzhaft sind, um sie im Bewußtsein zu behalten. Und so ist die Erinnerung an das Ereignis zwar vergessen, aber die Gefühle begleiten uns weiter.

Als wir mit den Sitzungen begannen, fragte ich gezielter nach seiner Kindheit. Es schien von Bedeutung, daß er sich kaum an die Jahre vor der Scheidung seiner Eltern erinnerte. Ich fragte nach seinen Eltern. Wo lebten sie? Stand er ihnen nahe?

»Ich stehe meiner Mutter ziemlich nahe. Sie lebt immer noch in Ohio, und ich sehe sie ein- oder zweimal im Jahr. Vater lebt allein hier in der Gegend, aber ich sehe ihn nicht oft. Er geht mir ziemlich schnell auf die Nerven.« Und dann sagte er noch rasch: »Aber ich liebe ihn natürlich – schließlich ist er mein Vater.«

Es gab leichte Anzeichen von Unbehagen in seinen Gesten, als wir auf dieses Thema kamen, und sein Blick war von mir abgewandt, als er mir von seinem Vater erzählte. Dies war ein möglicher Hinweis. In der folgenden Woche arbeiteten wir uns zurück in seine Kindheit. Gleich in der ersten Sitzung trafen wir ins Schwarze.

Es stellte sich heraus, daß sein Vater kaum ein so liebenswerter Mensch gewesen war, wie er gern geglaubt hätte. Ja, der Mann war ein echter Psychotiker, und die Kindheit des Jungen war ein langer Kampf gewesen, seine eigene geistige Gesundheit zu erhalten. Bis seine Mutter sich endlich hatte scheiden lassen, war sein Vater oft in Nervenheilanstalten gewesen, erlitt Schübe schwerer Trunksucht und hatte den Rest der Familie regelmäßig verprügelt, manchmal sogar, wenn er vollkommen nüchtern war.

Beinahe alle diese frühen Erinnerungen waren aus dem Bewußtsein ausgesperrt gewesen, aber als er sich im Stuhl entspannte, begannen Bilder aus seiner Kindheit in ihm aufzusteigen. Er erinnerte sich mit grausamer Genauigkeit an Zeiten, wo er hörte, wie sein Vater im Schlafzimmer seine Mutter verprügelte. »Ich lag dann im Bett«, sagte er, »und wünschte, er würde kommen und mich noch etwas mehr verprügeln, denn ich wußte, daß ich es ertragen konnte und sie nicht.« Einige Psychotiker sind trotz ihrer Krankheit sanft und liebevoll, aber dieser verletzte Mann war schwer krank. Er war paranoid, feindselig und grausam, und seine zwei kleinen Jungen waren die Empfänger seiner Beschimpfungen, die ihm immer und bequem zur Verfügung standen.

Der jüngere Bruder meines Freundes brach schließlich zusammen, und er verbrachte den größten Teil seines Lebens als Erwachsener in Nervenheilanstalten. Niemand weiß, warum das eine Kind solch eine Hölle überlebt und das andere nicht. Irgendwie kam mein Klient durch. Er verbrachte während seiner Jugend so viel Zeit wie möglich außer Haus und zog bei der ersten sich bietenden Gelegenheit von zu Hause fort. Zum Glück entdeckte er, daß er ein wissenschaftliches Talent besaß sowie die Fähigkeit, bis in die Nacht hinein zu studieren, ohne zu schlafen. Auf diese Weise zog er sich buchstäblich am eigenen Schopf aus der Misere heraus bis zu seiner jetzigen Position.

Inzwischen fällt es uns beiden sehr viel leichter zu verstehen, warum er ursprünglich einmal in meinem Büro auftauchte und von dem immer wiederkehrenden Gedanken sprach: »Irgend etwas stimmt mit mir nicht, und ich tauge nichts.« Jetzt wissen wir etwas über den Grund für diesen pulsierenden, sprudelnden Strom der Selbstbeschimpfung und Abscheu vor sich selbst trotz seiner äußerlichen Erfolge, und wir haben entdeckt, wo er es gelernt hat, mit solcher Beschämung und Ablehnung über sich selbst zu sprechen. Es ist ein Wunder, daß er im normalen Leben so außergewöhnlich viel leistet.

Warum glaubten die Jungen diese Botschaften von ihrem Vater? Warum erkannten sie nicht, daß der Mann verrückt und seine Angriffe ungerechtfertigt waren? Man verlangt Unmögliches, wenn man von einem kleinen Kind erwartet, in den Botschaften seiner Eltern Erfindung von Wahrheit zu unterscheiden. Kleinkinder unterscheiden nicht zwischen Wirklichkeit und Unwirklichkeit. Sie vertrauen den Menschen, die ihnen Essen geben, ihren Körper baden und ihnen helfen, wieder einzuschlafen, wenn sie nachts aufwachen und Angst haben. Wir müssen viel älter sein, um sagen zu können: »Mein Vater hat ein Problem, und ich werde das, was er in diesem Punkt sagt, einfach ignorieren.« Für Kinder wäre die Feststellung: »Mein Vater ist verrückt« dasselbe, als würden sie sich selbst für verrückt halten müssen, und deshalb treffen sie statt dessen die Entscheidung: »Irgend etwas stimmt mit mir nicht. Anscheinend mache ich alles falsch.« Das wird mit der Zeit ein fester Bestandteil eines ganzen Systems von Überzeugungen des Kindes. Doch dieses Gefühl schmerzt und ist so mächtig, daß die ganze Sache in das Unterbewußtsein verdrängt wird. Und das war der Grund, warum mein Freund an weite Zeiträume seiner Kindheit keine Erinnerung mehr hatte.

Aber Gefühle lassen sich nicht so leicht unterdrücken wie die Erinnerungen, durch die sie verursacht wurden, und da das Unterbewußtsein ein dauerhafter Speicher ist, tauchten diese Gefühle von Zeit zu Zeit im Leben dieses Jungen auf (zum Beispiel beim Dauerlauf, wenn er harte 5 km gelaufen war und keuchte), und ein scheinbar erfolgreicher Mann fand sich weinend auf einer Bordsteinkante wieder.

Zum Glück hat diese Geschichte einen guten Ausgang. Mein Freund sah sich all diese verdrängten Erfahrungen in mehreren Jahren der Therapie ausgiebig an, verarbeitete sie und begann, jene Überzeugungen, die er aus seiner Kindheit mitbrachte und die keine Gültigkeit mehr besaßen, auszusortieren. Und als Begleiterscheinung hörten die Gefühle auf, ihn zu beherrschen. Er braucht jetzt keine regelmäßige Behandlung mehr und die Wellen des Selbstzweifels kommen jetzt nur noch sehr selten.

Was ich mit dieser Geschichte sagen will, ist: Wir tragen immer noch Gefühle der Wertlosigkeit mit uns herum, wenn sich die Fakten schon längst geändert haben. Wir sind, wie eine Zeile von T. S. Eliot sagt, »eine Serie von überholten Reaktionen«[19]. Deshalb hat es einen Sinn, die Daten unserer Kindheit durchzusehen und die Maßstäbe zu untersuchen, mit denen wir uns zu messen lernten.

Viele, die einen Fall wie den oben beschriebenen lesen, werden sagen: »Also, ich werde nicht zurückgehen und in dem Misthaufen meiner Vergangenheit herumstochern. Außerdem – was für einen Sinn hat es, den Eltern die Schuld für alles in die Schuhe zu schieben?«

Das ist eine faire Frage und spiegelt einen weitverbreiteten Kritik-
punkt an der Psychotherapie wider. Die meisten Therapeuten verfolgen
die Vergangenheit nicht, um anderen die Schuld für die Probleme ihrer
Klienten zuzuschreiben. Die meisten Eltern gaben ihr Bestes. Wir sehen
auch nicht zurück, um Sündenböcke zu finden oder um der Verantwortung für unsere Probleme zu entfliehen. Ganz im Gegenteil! Wir sehen
in die Vergangenheit, weil wir eben einige Veränderungen unserer bisherigen Lebensweise vornehmen wollen. Und nur mit einem gewissen
Verständnis davon, wie wir da hingekommen sind, wo wir jetzt sind,
können wir etwas unternehmen, um unsere Richtung zu ändern. Verständnis löst vielleicht noch nicht das Problem, aber es ist der erste
Schritt.

Unseren Eltern vergeben

Wenn wir entdecken, daß uns unsere Eltern einen schlechten Start gege-
ben haben, dann ist der allernächste Schritt, daß wir ihnen vergeben.
Vielleicht ist es zunächst nötig, den Schmerz neu zu durchleben und die
Wut zu empfinden. Es wäre sinnlos gewesen, meinem Freund, dem
Chirurgen, zu raten, er solle seinem Vater vergeben, wenn er sich nicht
einmal mehr an die Ereignisse erinnern oder die Wut fühlen konnte.
Und in manchen Fällen ist es nötig, daß wir einige Zeit wütend sind.
Aber es wäre töricht, den Rest unseres Lebens damit zuzubringen, daß
wir über unfaire Eltern wettern, denn das vergiftet unser ganzes Ge-
fühlsleben und kann wie eine Säure wirken, die auf alle unsere Beziehungen überschwappt. Es ist möglich, sich selbst zu sagen: Es war falsch
von meinen Eltern, mich zu demütigen, und ich korrigiere jetzt die
Maßstäbe, mit denen ich als Kind beurteilt wurde, aber ich weigere
mich, einem Menschen gegenüber für den Rest meines Lebens nachtra-
gend zu sein.

Einige Menschen, die einen Groll aus der Vergangenheit begraben
haben und endlich fähig waren, einer Autoritätsperson, die ihnen Unrecht getan hatte, zu vergeben, werden sagen: »Ich habe endlich Frieden, aber ich befürchte, daß es nicht so bleiben wird. Ich habe Angst,
daß meine Wut wiederkehrt.«

Da sich alle unsere Beziehungen ständig verändern und sich auch
unsere inneren Gefühle sehr verändern, ist es tatsächlich sehr wahr-

scheinlich, daß ihr Groll wiederkehren wird. Bedeutet das, daß die Erfahrung der Vergebung ungültig war? Ganz und gar nicht. Ich vermute sehr stark, daß Jesus genau solche Beziehungen im Auge hatte, als er sagte, wir sollten siebenundsiebzigmal vergeben. Sie werden nicht mit einer einzigen Handlung in Ordnung gebracht. Wir werden immer und immer wieder vergeben müssen, genauso, wie Gott uns vergibt.

Zudem ist an dieser Stelle vielleicht der Hinweis angebracht: Wenn wir uns entschließen, unseren Eltern zu vergeben, heißt das nicht, daß wir sie ab jetzt mögen und viel Zeit mit ihnen verbringen wollen. Es bedeutet einfach nur, daß wir uns entschieden haben, ihnen zu vergeben.

Die wenigsten von uns hatten solche Kindheitstraumata wie sie oben beschrieben wurden, und wir entdecken bei uns eine Mischung aus Liebe und Groll für die Familie unserer Kindheit. Nehmen wir zum Beispiel an, Sie haben zu Ihrem älteren Bruder aufgeschaut und hätten alles getan, um ihm zu gefallen. Aber er hat sich ständig über Sie lustig gemacht, wenn Sie versuchten, mit ihm mitzuhalten, und Sie haben sich immer unterlegen und minderwertig gefühlt. Oder gesetzt den Fall, Sie lieben Ihre Eltern und freuen sich immer darauf, sie zu besuchen. Aber wenn Sie dann bei ihnen sind, ist es nie so gut, wie Sie erwartet haben. Irgendwie bringen sie Sie dazu, sich zu fühlen, als wären Sie noch ein kleines Kind. Beinahe jeder von uns hat seiner Familie gegenüber solche ambivalenten Gefühle.

Begrenzungen in unseren Beziehungen akzeptieren

Manchmal finden wir bei unseren Eltern oder unseren Geschwistern einfach nicht das, was wir suchen – ganz gleich, wie sehr wir uns bemühen oder wie oft wir zurückgehen. Vielleicht haben sie zu viele Probleme, oder sind zu wütend oder zu selbstsüchtig, oder sie sind zu manipulativ und einfach nicht in der Lage, die Liebe zu geben, die wir so gern von ihnen bekämen.

Der Chirurg, von dem ich zuvor sprach, kam während der Therapie im Hinblick auf seinen Vater zu diesem Schluß. Er kehrte zweimal nach Hause zurück und versuchte, eine Art Brückenkopf zu bauen. Aber er schaffte es nicht. »Es schmerzt, das zu sagen«, erzählte er mir, »aber offensichtlich werde ich von diesem Mann nichts bekommen. Also höre ich auf, es zu versuchen.« Eine Träne stand in seinen Augen und er machte eine Pause. Dann sagte er: »Es ist seltsam, wie sehr es mich erleichtert, das einfach nur zu sagen. Ich werde keinerlei Liebe von ihm bekommen, also muß ich nicht zurückgehen und mir weitere Fußtritte abholen.«

Versöhnung

Andererseits können viele von uns lange, nachdem sie Erwachsene wurden, in der Beziehung zu ihren Eltern eine Menge ändern. Dr. Harold H. Bloomfield erzählt über den letzten Ausbruch von Krebs bei seinem Vater. Die beiden hatten 4 800 km voneinander entfernt gelebt, und Bloomfield besuchte seine Eltern, wenn er in New York war, aber seine Besuche waren nie länger als eine oder zwei Stunden. »Ich drängte meine widersprüchlichen Gefühle ihnen gegenüber vollständig zurück und schaffte es auf diese Weise jedesmal, bei unseren gezwungenen Unterhaltungen eine Auseinandersetzung zu vermeiden«, sagt er. »Ich ärgerte mich darüber, daß mein Vater immer der Märtyrer war und daß er sich so heftig mit meiner Mutter stritt, und deshalb blieb ich weg.«

Aber als Bloomfield in das Krankenhauszimmer trat, war die Haut seines Vaters gelb und er hatte beinahe 14 kg abgenommen. Einige Tage später, als sein Vater im Bett saß, sagte Bloomfield:

> »›Papa, es tut mir wirklich leid, was mit dir passiert ist. Es hat mir geholfen, zu sehen, wie ich mich von euch distanziert habe und zu erkennen, wie sehr ich euch in Wirklichkeit liebe.‹ Ich lehnte mich zu ihm hinüber und begann, ihn zu umarmen, aber seine Schultern und Arme wurden steif.
> ›Ach komm, Paps, ich will dich wirklich richtig umarmen.‹
> Einen Augenblick lang wirkte er schockiert. Wir zeigten einander normalerweise keine Gefühle. Als er sich verspannte, spürte ich, wie sich in mir Groll aufbaute, und ich wollte schon beinahe so etwas sagen wie ›Ich brauche das hier nicht. Wenn du mich mit derselben Kälte wie immer stehenlassen willst, dann bitte.‹ Jahrelang hatte ich den Widerstand meines Vater jedesmal genutzt, um mir selbst zu

sagen: ›Siehst du, du bist ihm gleichgültig.‹ Aber diesmal überlegte ich es mir noch einmal und erkannte, daß die Umarmung nicht nur meinem Vater guttat, sondern auch mir.

Ich saß auf dem Bettrand und lehnte mich dicht an ihn, während er seine Arme um mich schlang. ›Und jetzt drücken. Genau so. Jetzt noch einmal, drücken. Sehr gut!‹

In gewisser Weise zeigte ich meinem Vater, wie man jemanden umarmt, und während er drückte, geschah etwas. Für einen kurzen Moment schlich sich ein Gefühl von ›Ich liebe dich‹ ein.

Es war meine Aufgabe, die Quelle vieler, vieler Umarmungen zu sein, bevor mein Vater starb. Ich machte ihm deswegen keine Vorwürfe; schließlich war er dabei, die Gewohnheiten eines ganzen Lebens zu ändern – und das braucht Zeit. Ich wußte, daß wir Erfolg hatten, weil wir immer mehr aus Fürsorge und Liebe heraus miteinander verkehrten. Etwa bei der zweihundertsten Umarmung sagte er spontan laut und, solange ich zurückdenken kann, zum ersten Mal: ›Ich liebe dich.‹«[20]

Bloomfields Vater, dem die Ärzte weniger als sechs Monate gegeben hatten, lebte noch vier Jahre mit einer hohen Lebensqualität. »Diese vier Jahre des Friedens mit meinen Eltern veränderten mein Leben sehr stark«, schreibt er. »Durch ein neues … Modell von Liebe und Hingabe in meinem Leben konnte ich meine Ängste durchbrechen und in meiner Ehe mehr Liebe geben. Außerdem gewann ich inneren Frieden.«

Nicht jeder wird in der Lage sein, solch eine vollständige, friedliche Versöhnung mit den Schlüsselfiguren seiner Vergangenheit zu erreichen, aber wenn das geschieht, ist es wunderbar. Was auf jeden Fall bleibt, ist eine wichtige Regel: Schließen Sie so gut wie möglich Frieden mit Ihren Eltern.

Teil IV

Was beeinträchtigt das Selbstwertgefühl –
und wie geht man damit um?

Kapitel 9

Was tun, wenn man mit
seinem Körper nicht klarkommt?

*George war sowohl durch Unterweisung als auch durch Beispiel
gelehrt worden, seinen Körper als etwas zu betrachten,
was er beherrschen, sich unterwerfen und kontrollieren müsse.*
– H. A. Williams –

Die meisten von uns haben auch als Erwachsene kein klares Verständnis, wenn es um ihren eigenen Körper geht, und somit auch nicht im Hinblick auf sich selbst. Zum einen scheint es eine ziemliche Verwirrung bei der Frage zu geben, wie wir tatsächlich aussehen. 1985 befragte *Psychology Today* 30 000 Leute darüber, wie sie ihren Körper sehen. Die Studie war von dem Psychologen Thomas F. Cash und anderen entworfen worden, und sie stellten interessante Vergleiche zu einer ähnlichen Umfrage auf, die 13 Jahre vorher durchgeführt worden war. 1972 waren 15 % der Männer und 25 % der Frauen mit ihrer Gesamterscheinung unzufrieden, und 1985 mochten 34 % der Männer und 38 % der Frauen ihr Aussehen nicht. Der größte Teil der Unzufriedenheit konzentrierte sich auf das Gewicht. 41 % der Männer wollten weniger wiegen und erstaunliche 55 % der Frauen meinten, sie seien übergewichtig. Während 20 % der Unzufriedenen das Aussehen ihres Gesichts nicht mochten, waren volle 50 % der Männer und 57 % der Frauen unzufrieden mit dem mittleren Teil ihres Körpers. Wir leben zwar in einer Zeit, in der man zwanghaft versucht, fitter zu werden und besser auszusehen, sind aber anscheinend trotzdem immer unzufriedener mit uns selbst.

Was das Problem noch verschärft, ist, daß wir unsere Körper offensichtlich für bedeutend weniger attraktiv halten, als sie tatsächlich sind. Man hat schon vor langer Zeit festgestellt, daß Menschen, die unter

Eßstörungen wie Bulimie und Anorexie leiden, eine falsche Vorstellung von ihrem Aussehen haben. Aber diese Fehleinschätzung ist nicht auf diese Gruppe beschränkt. In einer kürzlich durchgeführten Studie untersuchte J. Kevin Thompson die Einstellung von über 100 Frauen, die keine solchen Probleme hatten. Er fand heraus, daß über 95 % ihre Körpergröße überschätzten – im Durchschnitt meinten sie, sie seien 25 % dicker, als sie tatsächlich waren. Als sie gebeten wurden, Lichtstrahlen so einzustellen, daß sie damit an der Wand an vier Stellen die Breite ihrer Wangen, ihrer Taille, ihrer Hüften und ihrer Oberschenkel anzeigten, entdeckten die Forscher, daß zwei von fünf Frauen mindestens einen Teil ihres Körpers für 50 % größer hielten, als er tatsächlich war.

Die vielleicht wichtigste Entdeckung, die Dr. Cash machte, ist diese: »Es gibt keinerlei Zusammenhang zwischen der tatsächlichen Attraktivität eines Menschen und seiner eigenen Einschätzung, wie attraktiv er ist, und dies gilt ganz besonders für Frauen. Eine Frau, die ziemlich unattraktiv wirkt, kann recht zufrieden mit ihrem Körper sein, während eine andere, die äußerst attraktiv ist, so sehr von jedem kleinen Schönheitsfehler an ihrem Körper besessen sein kann, daß sie sich für häßlich hält.«

Der Widerstreit zwischen innen und außen

Es besteht auch Verwirrung in der Frage, was für Gefühle wir im Hinblick auf unseren Körper haben sollten. Eine 36jährige Frau schrieb dazu: »Ich habe immer gewußt, daß ich attraktiv bin, und ich glaube, das hat mir das Leben erleichtert, aber ich habe mich immer ein wenig schuldig gefühlt, weil ich stolz auf mein Aussehen war.«

Ihr Schuldgefühl wurde wahrscheinlich durch jene Platitüde hervorgerufen, die wir immer wieder zu hören bekommen: »Liebling, das Äußere ist nicht so wichtig. Es ist das Innere, was zählt.« Ja, viele christliche Denker argumentieren, daß das Äußere nicht zählt und einfach übergangen, wenn nicht sogar bekämpft werden sollte.

In diesem Punkt enttäuscht uns selbst solch ein überzeugender Denker wie C. S. Lewis. »Die Tatsache, daß wir Leiber haben«, sagte er, »ist der älteste Witz, den es gibt.« Er machte sich lustig über die »Neu-

Heiden …, die Nudisten und jene, die durch dunkle Götter leiden, für die der Leib etwas Herrliches ist«, und entscheidet sich statt dessen für die Ansicht des heiligen Franziskus, der seinen Körper als »Bruder Esel« sah.

»Esel«, sagt Lewis, »ist äußerst zutreffend, denn niemand, der bei Sinnen ist, kann einen Esel verehren oder hassen. Er ist ein nützliches, kräftiges, faules, widerspenstiges, geduldiges und liebenswertes Tier, das einen zur Raserei bringen kann; mal verdient es den Stock und mal die Karotte; es ist sowohl mitleiderregend als auch absurd schön. So ist auch der Leib. Es ist unmöglich, mit ihm zu leben, bis man erkannt hat, daß es eine seiner Funktionen in unserem Leben ist, die Rolle des Clowns zu spielen.«

Es gibt einiges, was Lewis' Ansicht rechtfertigt. Ein Teil von uns geht tatsächlich über den Leib hinaus, und wir werden weiterleben, nachdem unsere Körper gestorben sind und zerfallen. Aber das Neue Testament lehrt klar die Lehre von der Auferstehung des Leibes, und niemand von uns, der seine physische Existenz so behandelt, als sei es völlig gleichgültig, wie er mit ihr umgeht, kann gut auf diesem Planeten leben.

Integration von Körper und Geist

Wir hängen sehr an unserem Körper und identifizieren uns sehr stark mit ihm. In einem sehr guten, aber unbekannten Buch, *True Resurrection* [»Wahrhafte Auferstehung«], argumentiert H. A. Williams, daß der Dualismus zwischen Körper und Geist überwunden werden muß. Für ihn liegt die Bedeutung der Auferstehung zum Teil darin, daß »Geist und Leib einander nicht mehr in dem Bemühen um die Herrschaft bekämpfen, sondern erkennen, daß sie beide auf gleiche Weise ›ich‹ sind.« Der Körper ist nicht alles, was wir sind, und es wird eine Zeit kommen, wo wir ohne den jetzigen Leib existieren, aber Gott hat uns als physische Wesen geschaffen, was bedeutet, daß der Leib mich selbst ausmacht und nicht eine Maschine ist, die ich besitze.
Die Regel, um eines der Haupthindernisse für ein gutes Selbstwertgefühl zu überwinden, lautet:

> *Entschließen Sie sich,*
> *Körper und Geist in Einklang zu bringen.*

Solch eine Integration umfaßt mehrere Schritte:

Schritt 1: Sie sollten Ihre Schönheitsfehler nicht überbewerten

Wir sollten uns z. B. weigern, so auf unsere Mängel fixiert zu sein wie die Journalistin Cynthia Gorney auf ihre dicken Oberschenkeln:

> *»Sie quollen erst hervor und vernichteten mich, als ich etwa dreizehn war und es natürlich schrecklich wichtig war, sie nicht zu haben. Aber noch bevor ich geboren wurde, waren sie in meinen Genen festgelegt – ein häßliches Erbe, über Generationen hinweg, von irgendeinem hart arbeitenden Bauern damals in Polen, der keine Ahnung hatte, wie sehr ich sie hassen würde.*
> *Und so fand ich heraus, daß sie in der Familie lagen: Es war Hochsommer und ich war draußen am Swimmingpool, fest eingehüllt in einen Frotteebademantel. Ich hatte die Entfernung zwischen meiner Liege und dem Wasser genau abgeschätzt. Ich wußte: Wenn ich den Bademantel genau im richtigen Moment fallen lassen würde, könnte ich an den Rand des Beckens hechten und untertauchen, bevor irgend jemand es sah. Ich ließ den Bademantel fallen. Meine Tante, eine reizende Person mit einer Stimme, die man quer über ein Fußballfeld hören konnte, sah hin, als ich hechtete. ›Oh weh‹, sagte meine Tante, ›sie hat eindeutig die Familien-Oberschenkel.‹*
> *Ich bin eine hübsche Person. Ich habe blaue Augen, anständiges Haar, nicht zu viele Pickel und lange Wimpern, die dafür bekannt sind, daß sie ab und an leichten Neid hervorgerufen haben. All das zählt nicht. Ich könnte ein Gesicht wie Miss Universum haben, und es würde nicht zählen. Das einzige, was für mich je von Bedeutung war, wenn ich mich ausgezogen und im Spiegel angesehen habe, sind meine dicken, fetten, schrecklich runden Oberschenkel.«*[21]

Solch ein Besessensein von körperlichen Fehlern ist sehr weit verbreitet. Lauren Hutton sagt, ihre Nase sei ungleichmäßig; Linda Ronstadt meint, sie sehe »auf Bildern schrecklich aus«; Suzanne Somers ist der

Meinung, ihre Beine seien zu dünn; Jayne Kennedy glaubte in ihrer Jugend, sie sei zu groß; Kristy McNichol meint, ihre Lippen seien zu dick.

Wenn man einen offensichtlichen Schönheitsfehler hat, kann man zwei Dinge tun. Erstens sollte man herausfinden, ob es irgendeine vernünftige, angemessene Maßnahme gibt, die man ergreifen kann, um diesem Fehler abzuhelfen, und zweitens sollte man dementsprechend handeln. Wenn sich der Fehler nicht korrigieren läßt (man kann beispielsweise wenig an seiner Körpergröße ändern), kann man das ganze einfach beiseite legen und sich um andere, wichtigere Dinge kümmern. Aber wenn es hilft, Sport zu treiben, dann sollten Sie das unbedingt tun. Wenn eine Schönheitsoperation angemessen und vernünftig ist, sollten Sie sie vielleicht durchführen lassen. Allerdings sollten Sie eines vorher wissen, was uns die Schönheitschirurgen schon seit langem sagen: Wenn ein Mensch von seiner Nase besessen ist und sie korrigieren läßt, bekommt er dadurch in der Regel kein besseres Selbstbild. Er konzentriert sich danach einfach auf einen anderen Körperteil, von dem er sich wünscht, daß er anders aussähe. Oft ist unsere Besessenheit von dem Mangel an einem Körperteil ein Symptom und keine Ursache. Es ist ein Symptom dafür, daß wir ganz allgemein ein schlechtes Selbstbild haben und unser inneres Selbst ständig mit negativem Material bombardieren.

Schritt 2: Vermeiden Sie völlig nutzloses Vergleichen

Die Probleme, die wir mit unserem Bild von unserem eigenen Körper haben, sind teilweise durch Vergleichen bedingt. Wir vergleichen uns ständig mit anderen, die bewundert oder kritisiert werden. Eine Frau drückte es einmal so aus: »Wenn die Waage bei 72 kg angelangt ist, dann gehört es zu den größten Freuden im Leben, eine Frau zu sehen, die mehr wiegt als man selbst.« Die Gewohnheit, uns mit anderen zu vergleichen, ist äußerst gefährlich, besonders, wenn wir uns mit den jugendlichen Beispielen an Perfektion vergleichen, die wir im Fernsehen vorfinden. Wenn man durch eine Menschenmenge, sagen wir mal in einem Flughafen, geht, kann es sehr erstaunlich sein, wie wenige Menschen dort auch nur annähernd so aussehen wie die, die im Fernsehen die Werbespots für Schönheitsprodukte bevölkern. Statt dessen springt es einem geradezu ins Auge, wie normal eigentlich alle aussehen.

Die biblische Betonung ist, daß unsere Körper einen Wert haben und von Gott gemacht wurden, und daß sie dafür gemacht wurden, weise gebraucht zu werden. Ob sie beeindruckend aussehen oder nicht, ist viel unwichtiger als die Frage, was wir mit ihnen tun. Als Samuel ausgesandt wurde, um unter den Söhnen Jesses einen König auszusuchen, sagte ihm der Herr folgendes: »Sieh nicht auf sein Aussehen und seine stattliche Gestalt … Gott sieht nämlich nicht auf das, worauf der Mensch sieht. Der Mensch sieht, was vor den Augen ist, der Herr aber sieht das Herz« (1 Sam 16,7).

Gail MacDonald, eine Bekannte, von der ich weiß, daß sie außerordentlich attraktiv ist, gab einen Kommentar zu einer Werbung in einer Zeitschrift ab, in der das Photo eines Models gezeigt wurde, deren »beneidenswerter Wuchs von blondem Haar … nahelegte, Schönheit ließe sich in einer Flasche Haarpflege finden. Welche Frau wünscht sich nicht jene Schönheit, wegen der einen die Menschen beachten und bewundern?« Aber MacDonald meint nicht, daß sie das ideale Aussehen hätte:

>»Offengestanden habe ich nicht immer eine gesunde Einstellung mir selbst gegenüber gehabt. Ich erinnere mich an starke Wogen innerer Frustration in meiner Teenagerzeit wegen nicht enden wollender Kämpfe gegen Pickel, an Verlegenheit wegen meiner Nase, die ich für unansehnlich hielt, und eines Vorderzahns, der durch den Zahnarzt hätte korrigiert werden müssen, was aber nie geschah. Als Ergebnis meiner Empfindlichkeit fühlte ich mich in Gruppen oft unsicher. Ich war sicher, daß die Makel im Gesicht, die Nase und die Zähne das einzige waren, was andere je an mir wahrnahmen.*
>
> *Es war keine einfache Aufgabe, und es ging nicht schnell, aber ich schaffte es, diese Gefühle zu überwinden, als mir als christliche Frau bewußt wurde, daß Menschen durch die Qualität meines Geistes angezogen werden können statt durch die Form meines Gesichts. Manchmal denke ich an die Worte des Paulus (der anscheinend auch keine besondere Schönheit war):* ›Alles vermag ich durch ihn, der mir Kraft gibt‹ *(Phil 4,13).*
>
> *Es funktionierte! Ja, es war ein langer Prozeß, aber es ging. Ich erkannte schließlich, daß ich wirklich Gottes Tochter bin [und] … mein* ›Selbstbild‹ *begann, sich dramatisch zu verändern. Ich meine immer noch, daß meine Nase zu groß ist, und ab und zu muß ich einen Pickel abdecken. Der Vorderzahn kreuzt sich immer noch*

leicht mit dem benachbarten Zahn, aber es macht mir kaum etwas aus. Ich versuche, ›Schönheit‹ aus einer anderen Quelle zu gewinnen ... Eine Frau macht in ihrer geistlichen Entwicklung einen enormen Sprung nach vorn, wenn sie entscheidet, daß es wichtiger ist, wertvoll zu sein als beachtet zu werden.«[22]

Schritt 3: Kultivieren Sie die Sinne

Wir müssen einen Mittelkurs zwischen den Hedonisten einschlagen, die jedem Impuls des Körpers folgen, und den Asketen, die glauben, man erreiche eine höhere Ebene, wenn man den Körper vollkommen ignoriert, ja züchtigt. Unsere Körper sind in der Tat wir selbst, und die Unvollkommenheiten, mit denen wir geboren werden, sind im Vergleich zu den guten Dingen, die unser Körper für uns tun kann, bedeutungslos.

Wir haben sehr viel Kontrolle über diese Dinge. Wir können zum Beispiel entscheiden, wie sehr wir auf die ständigen Sinneseindrücke achten, die uns erreichen. Und je besser wir auf sie achten, um so besser fühlen wir uns im Hinblick auf unsere Körper, denn sie sind herrlich sensible Netzwerke von miteinander verbundenen Fähigkeiten, Sinneseindrücke zu empfangen.

Der Herzog in Shakespeares Stück »Wie es euch gefällt« wird unvermittelt aus den Freuden des Palastes vertrieben und er und seine Männer versuchen, nur mit ein paar Decken ausgestattet im Wald zu überleben. Aber was er sagt, ist:

»Wir fühlen hier die Buße Adams nur,
Der Jahreszeit Wechsel; so den eis'gen Zahn
Und böses Schelten von des Winters Sturm.
Doch wenn er beißt und auf den Leib mir bläst,
Bis ich vor Kälte schaudre, sag' ich lächelnd:
›Dies ist nicht Schmeichelei; Ratgeber sind's,
Die fühlbar mir bezeugen, wer ich bin.‹«

Der Herzog hat recht: Es ist etwas besonderes daran, solch elementare Sinneseindrücke wie heiß und kalt zu empfinden, die uns »fühlbar ...

bezeugen«, daß wir sind, und wir müssen offen sein für all das Gute, das durch unsere Sinne kommt.

May Fenn berichtet von einem Braille-Lesewettbewerb vor vielen Jahren, der in Anwesenheit von Elizabeth, der Königinmutter, abgehalten wurde. Sie wurde auf ein kleines blindes Mädchen aufmerksam, das den Blumenstrauß, der Elizabeth überreicht werden sollte, hielt. Während es wartete, fuhr das Kind mit seinem Finger sanft über jede Blüte, bevor es ihren Duft einatmete. Später, als Fenn zur Königinmutter hinübersah, bemerkte sie überrascht, daß ihre Augen geschlossen waren. Genau, wie es das kleine Mädchen getan hatte, ließ sie ihre Finger die Blumen fühlen, die ihr gegeben worden waren. Auch sie hatte bemerkt, was das Kind tat, und versuchte, die Schönheit der Blumen durch den Tastsinn zu erleben.

Schritt 4: Benutzen Sie Ihren Körper, um Liebe zu geben

Je mehr von uns wir weggeben, umso mehr Selbstachtung haben wir, und dieses Prinzip trifft für unseren Körper genauso zu wie für das, was wir besitzen. Ein großer Teil der Informationen, die andere von uns über sich selbst bekommen, haben mit dem Körperkontakt zu tun, den sie von uns bekommen. Kleine Kinder bekommen bestimmte Eindrücke von sich selbst teilweise durch die Art, wie diejenigen, die sich um sie kümmern, mit ihren Körpern umgehen. Wenn Mutter und Vater dem Kind, wenn sie es baden, das Gefühl vermitteln, daß sie das, was das Kind ist, und den Körper, den es hat, mögen, dann geschieht das durch die Art, wie sie es berühren. Und es geschieht durch die Art, wie sie reagieren, wenn dieser Körper eine Schnittwunde oder einen blauen Fleck hat.

Später wird dieser Körperkontakt häufig entzogen. Wenn ein Kind älter ist, hören die Eltern auf, es so häufig zu berühren, und oft wird dadurch die Botschaft vermittelt, daß der Körper des Kindes auf solch eine Weise gewachsen ist, daß er nicht mehr attraktiv ist. In meiner Praxis habe ich immer wieder mit Teenagern gesprochen, die nicht verstehen können, warum ihre Väter aufgehört haben, sie zu umarmen, als sie Brüste bekamen.

Später im Leben kommen viele Informationen über uns selbst von unseren Partnern, und es gibt wenige Erfahrungen im Leben, die uns ein derart gutes Gefühl über uns selbst und das, was wir sind, vermitteln, wie die Freude der allmählich ansteigenden Erregung bis zum Höhepunkt der Vereinigung mit dem Menschen, den man liebt. Aber guter Sex muß mehr sein als Freizeitvergnügen; er muß Kommunikation sein. Und ein Teil dessen, was ein Ehemann und seine Frau einander im Bett mitteilen, ist: Ich bewundere und schätze die Person, die du bist.

Aber wie wichtig ist Sex und was geschieht, wenn man nicht verheiratet oder in sexueller Hinsicht behindert ist? Das muß ihre Fähigkeit, einander Bestätigung zu geben, nicht unbedingt behindern. Ann Landers veröffentlichte einmal den besorgten Brief eines Mannes, der befürchtete, die Frau, die er liebte, sei benachteiligt, weil ein körperliches Leiden es ihm unmöglich machte, den Geschlechtsverkehr ganz zu vollziehen. Frau Landers erhielt daraufhin die folgende Antwort von einer Frau aus Oregon:

»Dieser Mann hat keine Ahnung, wie eine Frau denkt und empfindet. Ich wette, wenn Sie 100 Frauen darüber befragen würden, was sie vom Geschlechtsverkehr halten, würden 98 sagen: ›Umarme mich einfach und sei zärtlich. Vergiß den Rest.‹ Falls Sie das nicht glauben – warum machen Sie nicht einfach eine Umfrage? Die Menschen sagen Ihnen Dinge, die sie niemals einem anderen erzählen würden.«

»Abgemacht!«, schrieb Ann Landers zurück und bat dann ihre weiblichen Leser, folgende Frage zu beantworten: »Würde es Ihnen ausreichen, wenn ein Mann Sie umarmen und zärtlich zu Ihnen sein würde, aber keinen Geschlechtsverkehr vollzöge? Antworten Sie mit JA oder NEIN und schreiben Sie bitte noch eine Zeile dazu: ›Ich bin älter (oder jünger) als 40 Jahre.‹«

Innerhalb von vier Tagen arbeitete der Schreibdienst in zwei Schichten sowie an den Wochenenden, um die Antworten zu bearbeiten. Sie hatte offensichtlich einen Nerv getroffen. Mehr als 100 000 Antworten gingen ein. Das Ergebnis: 72 % antworteten, ja, es würde ihnen reichen, wenn ein Mann sie umarmen und zärtlich zu ihnen sein würde und den Geschlechtsverkehr ausließe. Von diesen 72 % waren 40 % jünger als 40 Jahre.[23] Offensichtlich war die sexuelle Revolution keine große Hilfe für den normalen Menschen, der sagt »Ich möchte geschätzt werden. Ich möchte spüren, daß ich jemandem etwas bedeute.« Zärtliche Worte und liebevolle Umarmungen sind lohnender als ein Orgasmus, der von einem schweigenden, mechanischen, mit sich selbst beschäftigten Partner hervorgerufen wird.

Exkurs: Der alternde Körper

Viele meiner Klienten sind über 60. Häufig sind sie deprimiert, weil ihr Körper verfällt, und haben eine negative Einstellung sich selbst gegenüber bekommen. Wenn sie körperlich krank sind und ihr einst starker Körper nicht mehr kooperiert, kann das Selbsthaß auslösen. Solche Menschen brauchen den Körperkontakt mehr denn je. Wie sind wir bloß auf die Idee gekommen, daß Menschen, weil sie krank oder in einem Altersheim eingeschlossen sind und keinen Sexualverkehr mehr haben, keine Berührung und körperliche Bestätigung mehr brauchen?

Eine Frau erzählte mir von den Wochen, als ihr 80jähriger Vater an Krebs starb. Ihre Beziehung war manchmal angespannt gewesen, aber jetzt hatten sie anscheinend das Bedürfnis, zusammen zu sein, und sie war jeden Tag stundenlang in seinem Zimmer. »Ich wußte manchmal nicht, was ich ihm sagen sollte, als er dort litt«, sagte sie, »und deshalb habe ich viel Zeit damit zugebracht, seine Füße zu massieren.«

Das sagte sehr viel. Auf einer Urebene sagen wir, wenn wir einander berühren: »Du bist immer noch liebenswert, du bist wertvoll, du bist da.«

Schritt 5: Halten Sie Ihren Körper fit

Da physische Gesundheit einen großen Einfluß darauf hat, wie glücklich und zufrieden man ganz allgemein ist, erscheint es sinnvoll, den eigenen Körper gut zu behandeln. Es läßt sich zwar nicht beweisen, was wodurch bedingt wird, aber Menschen mit einem guten Selbstbild haben die Tendenz, vernünftiger zu essen und mehr Sport zu treiben, als solche mit einem schlechten Selbstbild. Ich bin kein Arzt, aber ich habe oft depressive Menschen gefragt, was sie in den letzten 24 Stunden gegessen haben und was für sportliche Gewohnheiten sie haben. Die Art und Weise, wie sie für sich selbst sorgen, ist einer der besten Hinweise auf den Zustand ihres Selbstbildes.

Erstaunlich viele von uns mißbrauchen ihren Körper auf beinahe selbstzerstörerische Weise, und wir essen so schlecht und treiben derartig wenig Sport, daß uns unser Körper alle möglichen unguten Empfindungen wie Kopfschmerzen, Schmerzen und allgemeine Mattigkeit vermittelt. Bei all dem können wir gar kein besonders positives Bild von uns selbst haben. Trotz der Fitneßwelle ergab eine kürzlich durchgeführte Studie des *U. S. Department of Health and Human Services* [Gesundheits- und Sozialministerium der USA], daß 80 % bis 90 % der Bevölkerung nicht genug Sport treiben. Beinahe ein Drittel aller amerikanischen Männer und über ein Drittel der Frauen haben Übergewicht – genau, wie schon vor einem Jahrzehnt.

Dabei ist es längst erwiesen: Man muß gar nicht so viel tun, um seinen Körper so fit zu halten, daß man sich wohlfühlt. Kenneth Cooper, der Arzt, der den Begriff »Aerobic« prägte und bekannt machte, sagt heute, daß es völlig ausreicht, wenn man fünfmal in der Woche innerhalb von fünfundvierzig Minuten 3 Meilen [4,827 km] geht – mehr Aerobic-Training braucht man nicht. »Wenn Sie mehr trainieren«, sagte er kürzlich, »laufen Sie nicht, um fit zu sein, sondern aus einem anderen Grund.« Verschiedene Studien haben belegt, daß sich körperliches Training positiv auf den Blutzuckerspiegel, die sexuelle Leistung, das Immunsystem, den Blutdruck, die Aufspaltung von Blutgerinnseln, das Abnehmen, den Muskelaufbau, den Streßabbau und die Linderung von Depressionen auswirkt.

Die Art und Weise, wie Sie mit Ihrem Körper umgehen, wie Sie dafür sorgen, daß er gut funktioniert, steht in engem Zusammenhang mit dem Bild, das Sie von sich selbst haben.

Ist »Fett« liebenswert?

Nachdem ich all dies gesagt habe, muß ich noch etwas dazu sagen, daß man nicht schön aussehen muß, um ein ausgezeichnetes Selbstbild zu haben. Ein junger Collegestudent, den ich kenne und der beinahe jede Frau auf dem College als Freundin hätte haben können, genoß es, mit einem übergewichtigen Mädchen auszugehen, und er sagte folgendes über sie: »Was mich am meisten an ihr beeindruckt hat, als ich sie kennenlernte, war, daß sie dick war und frei darüber sprechen konnte und

anscheinend nicht zuließ, daß sie das beunruhigte. Sie ist die liebens-
werteste, unterhaltsamste Frau, die ich kenne, und das Beste ist, daß sie
sich selbst mag. Die meisten Mädchen, mit denen ich ausgegangen bin
und die wie Models ausgesehen haben, waren ewig am Stöhnen, daß sie
zuviel zunehmen würden, haben sich selbst dafür fertiggemacht, daß sie
zuviel essen und mir erzählt, daß es an ihrem Körper alles Mögliche
gibt, was sie nicht mögen.«

Der Trick ist also, entweder unseren Körper zu verändern oder aber
ihn so zu akzeptieren, wie er ist. Wenn man nichts tut, um ihn zu verändern, gleichzeitig aber sein Aussehen geißelt, dann vermindert das unser
Selbstwertgefühl. Wenn wir beispielsweise zuviel wiegen, haben wir
drei Möglichkeiten: Entweder wir beginnen mit einem Diät- und Sport-
programm, oder wir sagen: »Ich bin zur Zeit etwas dick, und ich werde
das Leben genießen – einschließlich allem, was ich esse.«

Die dritte Möglichkeit besteht darin, nichts gegen das Übergewicht
zu tun, aber jeden Tag im Auto zu sitzen und zu klagen: »Ich bin so
dick. Ich muß etwas unternehmen. Warum habe ich bloß keine
Selbstdisziplin? Ich bin so häßlich.« Diese Möglichkeit müssen wir –
hoffentlich mit Ihrem Einverständnis – ablehnen.

Vielleicht ist das beste Beispiel für eine gesunde Sicht des eigenen
Körpers ein Geistlicher, der inzwischen über achtzig Jahre alt ist, seinen
Körper in einem ausgezeichneten Zustand erhalten hat und sich gelegentlich in eine Hütte in den Bergen zurückzieht, um zu beten und zu
studieren. »Der Ort ist sehr abgelegen«, sagt er, »und so ziehe ich mich
oft ganz aus und genieße die Freiheit, mich unbelastet und frei im Haus
zu bewegen.« In diesem Mann ist auch nicht ein Funke von Narzißmus,
und seine Geistlichkeit und sein diszipliniertes religiöses Leben sind
bewundernswert. Ich sehe seine Haltung als eine Integration von Körper und Geist. Sein Beispiel erinnert uns daran, daß wir uns besser auf
die Empfindungen unseres Körpers einstellen und daran denken müssen, daß wir unseren Körper nicht haben, sondern daß wir Körper sind.

Und zu guter Letzt: Was bereute Franziskus am Ende seines Lebens
von Herzen? Daß er zu seinem »Esel« zeitlebens nicht gut war.

Kapitel 10

Schütteln Sie ungerechtfertigte Schuldgefühle ab

*Das Gewissen braucht mehr Platz als alles andere
im Innern eines Menschen.*
– Huckleberry Finn –

Da alle Therapeuten unserer Klinik Christen sind, kommen viele sehr religiösen Menschen zu uns, und viele von ihnen sind äußerst hart sich selbst gegenüber. Häufig ist Depression ein Teil ihrer Symptome. Obwohl einige dieser Klienten recht erfolgreich sein mögen und alles in ihrem Leben gut läuft, werden sie enorm von Schuldgefühlen geplagt.

Wenn wir zum Glauben kommen, schütteln wir unsere Neurosen nicht automatisch ab. Eine Frau sagte einmal bei einer Gruppentherapie zu Dr. Cecil Osborne: »Ich war eine schreckliche Neurotikerin. Dann wurde ich Christ, und jetzt bin ich eine christliche Neurotikerin!«

Sie lachte, und die anderen stimmten mit ein. Sie verstanden nur allzu gut, daß sich nicht alle Probleme von selbst lösen, wenn man Christ wird. Ja, man könnte sogar argumentieren: Je mehr unser Glaube zunimmt, umso sensibler wird unser Gewissen und umso negativer wird unser Selbstbild. Aber das wäre eine grobe Vereinfachung und würde bedeuten, daß man den Unterschied zwischen echtem Glauben und kranker Religion nicht versteht. Religion ist krank, wenn sie Menschen niederdrückt, wenn sie dafür sorgt, daß sie sich für schlecht halten, ohne ihnen Erleichterung zu bringen, und wenn sie sie drängt, sich regelmäßig selbst zu strafen. Das Ziel gesunden Glaubens ist es, zwischen falscher Schuld und echter Schuld zu unterscheiden und dann dem Menschen zu helfen, diese Schuld in Ordnung zu bringen, anstatt sich darin zu suhlen. Das Hauptziel dieses Kapitels ist, den Unterschied zwischen beiden Ansätzen herauszuarbeiten, und unsere Regel lautet:

> *Treffen Sie die Entscheidung,*
> *über neurotischen Schuldgefühlen zu stehen.*

Wenn wir über die Befreiung von Schuldgefühlen sprechen, müssen wir zunächst einmal zwischen Schuldgefühl und einem ihnen verwandten Gefühl, der Beschämung, unterscheiden. In seinem Buch *Feelings* [»Gefühle«] schreibt Willard Gaylin sehr hilfreich zu diesem Thema. Beschämung, so zeigt er, hat mehr mit öffentlicher Bloßstellung zu tun als mit Schuldgefühl. Man kann sich schämen, wenn man von einem Polizisten an die Seite gewinkt wird und dort sitzt und auf seinen Strafzettel wartet, während die Leute mit einer Mischung aus Belustigung und Spott an einem vorbeifahren. Aber man kann sich auch schämen, wenn man in legerer Kleidung zu einer Party kommt, bei der Gesellschaftskleidung erwünscht ist. Beschämung und Verlegenheit haben also mit öffentlichem Spott oder Geringschätzung zu tun, den wir alle vermeiden wollen, aber sie sind nicht notwendigerweise mit irgendeinem Fehlverhalten unsererseits verbunden. Bei dem Beispiel mit der Party fühlen wir uns einfach blamiert, bei dem Beispiel mit dem Strafzettel kann es sein, daß wir uns schuldig fühlen – was aber nicht unbedingt der Fall sein muß.

Die meisten von uns tun in gewissem Maße Dinge, die wir nicht für falsch halten, die jedoch, wenn sie bekannt würden, dazu führten, daß bestimmte Menschen ihr Mißfallen ausdrücken und andere uns tatsächlich bestrafen würden. In letzterem Falle ist es das »Auf-frischer-Tat-ertappt-werden«, was wir vermeiden wollen. Wir stimmen mit den Maßstäben, nach denen wir beurteilt werden, nicht überein (beispielsweise, wenn wir die Geschwindigkeitsbegrenzung überschritten haben, aber meinen, sie sei zu niedrig angesetzt), geben uns jedoch große Mühe, einer Bestrafung aus dem Weg zu gehen.

Beschämung hat, was ihren gefühlsmäßigen Inhalt betrifft, große Ähnlichkeit mit Schuldgefühlen, ist jedoch nicht dasselbe. Es ist dieses Gefühl, das uns ergreift, wenn wir auf der Autobahn schneller als erlaubt fahren und plötzlich eine Sirene ertönt. Der Gedanke daran, daß

uns jemand zurechtweist, gefällt uns nicht. Der Gedanke an die Bla-
mage, wenn wir da sitzen, während der Strafzettel geschrieben wird,
gefällt uns genauso wenig. Das Gefühl, daß wir dumm genug waren,
uns erwischen zu lassen, ist uns unangenehm, und wir sind auch nicht
gerade froh darüber, daß wir eine Geldstrafe zu erwarten haben. Aber
dieses Bündel von Gefühlen muß immer noch nichts mit Schuldgefühlen zu tun haben. Willard Gaylin überprüft das folgendermaßen:
Wenn sich das Gefühl, das sich beim Herannahen des Polizeiautos Ihrer
bemächtigte, mit all seinen negativen Begleiterscheinungen in Luft auf-
löst, nachdem Sie merkten, daß die Polizei nichts von Ihnen wollte,
(sehr wohl aber von dem Porsche, der Sie kurz zuvor überholt hat) –
dann hatten Sie keine Schuldgefühle, sondern Angst. Wenn Sie sich
schlecht fühlen, weil Sie zu schnell gefahren sind, und sogar eine gewisse Enttäuschung darüber verspüren, daß man Sie nicht angehalten
hat, dann ist das, was Sie verspüren, in der Tat echtes Schuldgefühl.[24]

Gesunde und neurotische Schuldgefühle

Echte Schuldgefühle sind mit Unrecht, das wir getan haben, oder mit
guten Dingen, die wir unterlassen haben, verbunden, und entgegen der
Meinung einiger populärer Psychologen, die solche Gefühle »die un-
nötigen Gefühle« nennen, sind sie es, die eigentlich die Gesellschaft
zusammenhalten. Martin Buber sagte, daß die schmerzlichsten Schuldgefühle entstehen, wenn man menschliche Beziehungen verletzt, so daß
man sich selbst sagt: »Wie konnte ich ihr (oder ihm) das nur antun?«
Aber es gibt auch das, was der Stanford-Psychiater Irvin D. Yalom als
existentielle Schuld bezeichnet: »ein positives, konstruktives Gefühl –
eine Wahrnehmung des Unterschiedes zwischen dem Ist-Zustand einer
Sache und dem, was sie sein sollte.« Christen sehen das als Schuld, die
durch eine Übertretung von Gottes Geboten entsteht, und manchmal hat
das nichts mit einem anderen Menschen zu tun. Manchmal ist es etwas,
wovon sonst niemand weiß und wovon auch nie jemand etwas erfahren
wird. Aber trotzdem ist es falsch.

Die Analytikerin Selma Fraiberg schreibt, daß ein gesundes Gewissen Schuldgefühle hervorruft, die der Tat entsprechen, und daß
Schuldgefühle dazu dienen, eine Wiederholung solcher Taten zu verhin-

dern. »Aber das neurotische Gewissen«, schreibt sie, »verhält sich wie ein Gestapo-Hauptquartier innerhalb der Persönlichkeit. Es spürt gnadenlos gefährliche oder potentiell gefährliche Gedanken sowie alles, was auch nur im entferntesten mit diesem Gedanken verwandt ist, auf, klagt es in endlosen Verhören an, bedroht und foltert es, um uns für belanglose Übertretungen oder Straftaten, die wir im Traum begangen haben, Schuld nachzuweisen. Als Resultat solcher Schuldgefühle steht die ganze Persönlichkeit unter Arrest.«

Judith Viorst übersetzt dasselbe in ihren Alltag:

>*Ich fühle mich schuldig – jedesmal, wenn meine Kinder unglücklich sind.*
>*Ich fühle mich schuldig – wenn ich vergessen habe, nach dem Essen meine Zähne zu putzen.*
>*Ich fühle mich schuldig – wenn ich absichtlich auf ein Insekt trete (alle Küchenschaben ausgeschlossen).*
>*Ich fühle mich schuldig – wenn ich mit einem Stück Butter koche, das ich auf den Küchenfußboden habe fallen lassen.*
>*Und weil ich, wenn ich genug Platz hätte, mühelos Hunderte solcher Dinge auflisten könnte, die echte Schuldgefühle hervorrufen, würde ich sagen, daß ich unter einem übertriebenen, willkürlichen Schuldgefühl leide.«* [25]

Die Freude an der Strafe

Dr. Lars Granberg sagte einmal: »Zeige mir, was du in der Bibel am meisten liest, und ich kann dir ganze Bände darüber erzählen, wer du bist.« Und es ist interessant zu beobachten, wie manche Menschen immer und immer wieder zu den Fluchpsalmen und zu den verdammenden Abschnitten in der Bibel hingezogen werden. Säkulare Menschen kritisieren Christen, sie seien von Sünde, Schuld und Selbstgeißelung besessen. Aber einer der Gründe für die übertriebene Selbstgeißelung mancher Menschen ist, daß sie die falsche Vorstellung haben, sie seien am heiligsten, wenn sie sich selbst am meisten kritisierten. Sie meinen, Gott würde sich am meisten über einen demütigen, sich zurückhaltenden Pilger freuen, der ständig um Vergebung bittet. Schuldgefühle werden irgendwie zu einem Qualitätsmerkmal der Hingabe.

Aber die Gewohnheit, sich in solchem Maße zu entschuldigen, ist fehlgeleitet und ungesund. Wenn Gebet nur daraus besteht, daß Menschen Gott in allen Einzelheiten die Sünden, die sie getan, und die guten Taten, die zu tun sie versäumt haben, schildern, dann ist das eine Pervertierung der unvorstellbaren Gnade, die Gott uns geschenkt hat.

Stellen Sie sich nur einmal vor, Sie würden sich regelmäßig mit einem Freund zum Mittagessen treffen und dabei die meiste Zeit wiederholen, wie schrecklich Sie sind und wie sehr Sie doch unter dem Standard leben, den Sie eigentlich haben sollten. Ihr Freund würde schon bald Entschuldigungen suchen, um diese Art von Treffen abzusagen. Es ist alles andere als angenehm, mit Menschen zusammen zu sein, die ständig sich selbst schlecht machen und sich ständig entschuldigen. Sie bringen damit zum Ausdruck: »Entschuldige bitte, daß ich lebe«, und das ist nicht die Lebensweise, die Gott für uns vorgesehen hat.

Schuldgefühle als Flucht

Es wurden umfangreiche psychologische Studien über den Einsatz von Schuldgefühlen als Mittel, um indirekt einen Vorteil zu erlangen, durchgeführt. Bewußt gezeigte Schuldgefühle können zum Beispiel nicht mehr sein als ein Versuch, Aufmerksamkeit zu erlangen. Sie können ein Mittel sein, um auszudrücken: »Seht mal, wie empfindlich mein Gewissen ist.« Oder: »Glaubt ja nicht, ich hätte das aus Dummheit getan – mir ist durchaus klar, daß das falsch ist.« Oliver Wendell Holmes sagte: »Die Gewohnheit, sich zu entschuldigen, ist eine sehr verzweifelte Angewohnheit – eine, die sich kaum je kurieren läßt. Ständiges sich Entschuldigen ist verdrehte Ichbezogenheit – wie eine Socke, die linksherumgedreht ist. In neun von zehn Fällen erfährt ein Mensch erst durch die Entschuldigung von dem Fehler seines Freundes. Es ist reichlich überheblich von Ihnen zu meinen, Ihr kleiner Fehler sei so wichtig, daß Sie darüber reden müßten.«

Noch schlimmer ist es, wenn Schuldgefühle eine Methode darstellen, um Verantwortung zu vermeiden. Das Problem bei übermäßigen Schuldgefühlen, bei Selbstbestrafung und ständigen Entschuldigungen ist, daß man dadurch nicht etwa vorsichtiger wird oder noch entschlossener, sich zu ändern. Im Gegenteil, all das lähmt einen. Wenn die

Schuldgefühle, die man verspürt, stark genug sind, muß man sich nicht ändern – man hat es auch gar nicht vor. Der Unterschied zwischen den Worten »Ich bin ein schrecklicher Sünder« und »Ich Ärmster« ist nicht sehr groß.

Leichen im Wandschrank

Vielen Menschen stehen die Erinnerungen an ihr früheres Versagen ständig vor Augen, und es kostet sie viel emotionale Energie, dieses frühere Versagen vor anderen zu verbergen. Eine Frau, die als Teenager eine Abtreibung hatte durchführen lassen und jetzt seit vielen Jahren glücklich verheiratet ist, lebt vielleicht in ständiger Angst, daß ihr Mann davon erfahren könnte. Oder ein Mann hat sich vielleicht vor vielen Jahren scheiden lassen und keiner seiner jetzigen Freunde weiß davon. Oder irgendein spektakulärer Fehler ist vertuscht worden. Unsichere Menschen werden sich sehr bemühen, solche Geheimnisse verborgen zu halten und ihre Spuren mit Lügen und Vernebelungen zu bedecken. Das Ergebnis ist ein Doppelleben und ein sehr angespannter Mensch, der sich ständig unter Kontrolle hält und dem Freiheit und Kreativität fehlen. Zur Kreativität gehört ein gewisses Maß an Ausdrucksfreiheit, Selbstvergessenheit, ein Sich-weigern, darüber nachzudenken, was andere Leute denken, eine Fähigkeit, über sich selbst zu lachen. Und damit sich diese Qualitäten entwickeln können, braucht man eine entspannte Beziehung zu den Erinnerungen an vergangenes Versagen.

Jeder hat Leichen im Wandschrank. Und das schlimmste daran ist das, was sie uns jedesmal antun, wenn wir den Korridor entlang gehen, in dem der Wandschrank steht. Unser Pulsschlag erhöht sich, die Atmung ist flach und schnell, und am liebsten würden wir an der verschlossenen Tür vorbeirennen. In der Psychotherapie drängen wir die Klienten, den Wandschrank aufzuschließen und die Leiche solange anzustarren, bis sie wegguckt. Wenn man es das erste Mal versucht, ist es schwer und um ein Haar würde das Skelett gewinnen. Das zweite Mal ist schon nicht mehr so schwer. Und wenn man die Tür oft genug öffnet, gewöhnt man sich schließlich so an die Existenz dieser Leiche, daß man völlig unbeeindruckt den Gang hinuntergehen kann.

Ich will damit nicht sagen, daß Sie die Tür öffnen und Ihr Skelett jedem Gast vorführen sollten, der zufällig vorbeikommt. Es gibt keinen Grund, warum Sie Ihr Versagen jedermann vor Augen führen sollten oder warum Sie sich genötigt fühlen sollten, jedem, der danach fragt, alles über sich zu offenbaren. Wir alle haben ein Recht auf eine gewisse Privatsphäre. Aber es ist eine Sache, zu entscheiden, wann und wem gegenüber Sie bestimmte negative Dinge über sich selbst offenbaren wollen, und eine ganz andere, sich mühsam durchs Leben zu kämpfen, weil Sie zu verhindern suchen, daß irgend jemand irgend etwas Negatives über Sie erfährt. Das ist kein normales Schuldgefühl, das ist Beschämung. Das ist die verbohrte Überzeugung, Ihre Vergangenheit sei peinlicher als die anderer Menschen, und die anderen wären schockiert, wenn sie wüßten, wie tief Sie gefallen sind.

Was man in diesem Fall tun muß, ist: Man muß mit der Vergangenheit abrechnen, man muß die Tatsache, daß man gesündigt hat, akzeptieren können, und man muß sogar mit bestimmten Menschen über seine Fehler sprechen. Wenn wir anderen unsere Fehler bekennen, geschehen mehrere Dinge. Eines davon ist Klarstellung.

Eine Frau mit einem ziemlich schwachen Selbstbewußtsein wurde einige Monate lang in den Bannkreis einer sehr starken Frau gezogen, die aus ihr eine Prostituierte machte. Es war eine kurze Erfahrung, und es folgten beinahe zwanzig Jahre, in denen die Frau quasi im Zölibat lebte. Sie ist eine ernsthafte Katholikin und sagt, sie hätte keinerlei Zweifel, daß ihr vergeben sei. Aber warum muß sie dann ausführlich mit mir darüber sprechen? Weil sie immer noch nicht versteht, wie das passieren konnte und offensichtlich verwirrt ist in bezug auf ihr wahres Selbst. Welche der beiden Menschen ist sie? Jene junge Frau, die vor zwanzig Jahren pflichtbewußt als Prostituierte gearbeitet hat, oder die streng keusche Frau, die sie heute ist? Die Antwort lautet wahrscheinlich, daß keine von diesen beiden ihr zentrales Selbst ist, aber sie braucht Zeit, um über diese beiden »Selbsts« zu sprechen, sie aus verschiedenen Blickwinkeln zu betrachten, Fragen über sie gestellt zu bekommen und die Gelegenheit zu haben, in ihr Denken über sich selbst Klarheit hineinzubringen.

Läuterung ist ein weiteres starkes Resultat eines Bekenntnisses. Es geschieht immer wieder, daß Menschen zu ihrem Pastor oder ihrem Therapeuten sagen: »Ich sage Ihnen Dinge, die ich noch nie irgendeinem Menschen erzählt habe«, und hinterher kann man deutlich sehen, daß es ist, als habe man einen Entzündungsherd aufgeschnitten. Das Gefühl der Erleichterung ist enorm.

Ein drittes Ergebnis ist: Wenn der Hörer auf das, was ihm offenbart wurde, nicht mit Entsetzen reagiert und denjenigen, der sich offenbart hat, auch weiterhin wertschätzt, hilft das der Person, sich selbst anzunehmen. Im Fall der Frau, die für kurze Zeit Prostituierte war, bestand bei ihr die Angst, ich könnte angeekelt sein und die Therapie mit ihr abbrechen, wenn ich das erführe. Das geschah natürlich nicht. Ich war von dem, was sie mir offenbarte, berührt und traurig darüber, daß sie irgendwie den Eindruck gehabt hatte, sie sollte ein Leben ohne Liebe und Ehe führen, um ihre Sünde wieder gutzumachen. Meine Annahme ihrer Person war, so meine ich, wenigstens eine kleine Hilfe für sie, sich selbst anzunehmen.

Die falschen Optimisten lächeln und kehren ihre Vergangenheit unter den Teppich. Das ist jedoch keinesfalls die biblische Art, damit umzugehen. Die Bibel spricht frei über Leiden und Versagen und persönliche Schande. Alle großen Heiligen der Bibel haben Flecken in ihrer Vergangenheit. Die Bibel versucht nicht, das zu verbergen. Je näher wir also der Bibel sind, um so freier sollten wir unsere Sünden und Fehler zugeben.

Die Frage ist nicht, ob Sie in Ihrer Vergangenheit Fehler vermieden haben. Niemand, der etwas Bedeutendes in Angriff genommen hat, hat immer alles richtig gemacht. Die Frage ist vielmehr: Wie gehen Sie mit Ihrem Versagen um? Und haben Sie aufgrund dieser Erfahrungen angefangen, ab jenem Zeitpunkt an sich und Ihren Fähigkeiten zu zweifeln? Oder versuchen Sie, wegen des Schmerzes und der Verlegenheit über Ihr Versagen in Zukunft jedes Anzeichen von Verwundbarkeit zu vermeiden und werden deshalb ein vorsichtiger, kleindenkender, sich selbst anklagender Mensch, der an sich selbst zweifelt?

Befreiung von Schuld

Der große britische Kirchenmann Leslie Weatherhead schrieb einmal: »Gottes Vergebung ist die mächtigste therapeutische Idee auf der ganzen Welt. Wenn ein Mensch wirklich glauben kann, daß Gott ihm vergeben hat, kann man ihn vor neurotischen Tendenzen retten.« Diese Aussage mag ein wenig übertrieben sein, aber uns steht in der Tat eine solch vollkommene Sühnung von Sünden zur Verfügung, daß wir Gott unsere Sünden regelmäßig bekennen sollten, und solch eine Gewohnheit kann unsere seelische Gesundheit sehr verbessern.

Viele von uns haben nun folgendes Problem: Wir bekennen Gott unsere Sünden, bitten um Vergebung, stehen dann wieder auf, und anstatt das Bündel unserer Sünden dort bei Gott zu lassen, legen wir es wieder auf unsere eigenen Schultern und schwanken mit genau denselben Lasten wieder zur Tür hinaus. Die Bibel spricht klar von Vergebung als etwas, was sowohl Entdeckung als auch Handlung ist: Wir lernen, daß wir vollkommen in der Gegenwart leben und die Vergangenheit hinter uns lassen können. Paulus sagte: »Eines aber tue ich: Ich vergesse, was hinter mir liegt, und strecke mich nach dem aus, was vor mir ist« (Phil 3,13b). Eleanor Roosevelt antwortete auf die Frage, wie sie es schaffe, so viel zu erreichen: »Ich verschwende keine Zeit mit Bedauern.«

Warum laufen wir dann mit so viel Reue und Selbstanklage herum? Zu einem großen Teil ist es einfach Gewohnheit. Wenn wir zu einer Familie gehören, in der wir ständig gedemütigt werden, müssen wir mit den Mitgliedern unserer Familie ein Abkommen aushandeln, aufgrund dessen sie damit aufhören. Wenn wir zu einer Gemeinde gehen, in der der Pastor mit Hilfe von Angst und Schuld motiviert, kann das bedeuten, daß wir eine andere Umgebung suchen und in eine Gemeinde überwechseln sollten, in der die Liebe und Gnade Gottes angemessen betont werden. (Motivation durch Schuldgefühle ist übrigens die faulste Art, unsere Kinder oder unsere Gemeindemitglieder zu motivieren, aber sie ist sehr, sehr wirksam. Wenn wir dafür sorgen, daß Kinder sich schuldig fühlen, weil sie uns verletzt und traurig gemacht haben, werden sie alles für uns tun. Wenn wir viel schmollen, können wir sie wie Marionetten kontrollieren.)

Ein junger Ingenieur, mit dem ich einige Zeit lang arbeitete, hatte viele der Quellen, aus denen seine Selbstzweifel entsprangen, entdeckt, ohne jedoch völlig von seiner übermäßigen Selbstablehnung wegzukommen. Eines Tages berichtete er mir von einem Traum, den er gehabt hatte und nach dem ihm klar wurde, daß er »einen automatischen Kritiker« in sich hatte. Es war, erzählte er mir, beinahe so, als sei dieser Kritiker eine Person in seinem Inneren, der ihm jedesmal, wenn er etwas Wichtiges versuchen wollte, negative, schuldgefühlerzeugende Botschaften ins Ohr flüsterte. Er entschloß sich, eine andere Stimme in seinem Inneren zu erschaffen, die auf die falschen Anklagen des Kritikers antwortete. Er konnte die Zeiten, wenn der Kritiker sprach, erkennen, weil er dabei immer verspannte Schultern hatte. Also arbeitete er an der Entwicklung eines zweiten Ich, um dieser kritischen Stimme zu antworten, und er berichtete von einer erstaunlichen Entspannung und Freiheit, die er durch diese Übung gewann.

Es ist auch möglich, bestimmte Überzeugungen, die wir von uns selbst haben, regelrecht auszuwechseln. Ein Freund, der die Gewissenhaftigkeit in Person ist, hatte große Schwierigkeiten mit einem aufmüpfigen Sohn, und er verurteilte sich selbst hart, weil sein Sohn sich so schlecht entwickelt hatte. Diese Selbstkritik war so schlimm, daß er Gewicht verlor und nicht mehr schlafen konnte. Schließlich ging er zu einem Therapeuten, der nach den Prinzipien der rational-emotiven Therapie (RET) arbeitet. Nach zwei Sitzungen sagte der Therapeut: »Ich höre Sie die folgenden Glaubensaussagen machen:

1. Mein Sohn will keine Kommunikation mit mir.
2. Ich habe etwas getan, wodurch Curt so geworden ist, und er sagt mir nicht, was es ist.
3. Wandern, UCLA Football-Spiele und all die anderen gemeinsamen Unternehmungen haben sich plötzlich in Luft aufgelöst, und zwar für immer.
4. Es tut so weh, und der Schmerz wird nicht aufhören.«

Mein Freund war überrascht, daß der Therapeut nach nur zwei Sitzungen sein System von Überzeugungen so gut zusammenfaßte und bestätigte, daß dies tatsächlich Dinge waren, die er sich selbst immer und immer wieder sagte.

Der Therapeut schlug vor, er solle sich statt dessen folgende Sätze sagen – vorausgesetzt, er könne auch hinter diesen stehen. (Bitte beachten Sie, daß die Aussagen nicht ins totale Gegenteil verkehrt wurden – das wäre eine Vergewaltigung der Wahrheit gewesen, die mein Freund kannte. Aber sie waren so verwandelt worden, daß sie zu wesentlich hoffnungsvolleren Aussagen wurden.):

1. Mein Sohn und ich hatten große Schwierigkeiten, miteinander zu kommunizieren, aber vielleicht können wir lernen, wie wir es besser machen können.
2. Curt hat sich entschieden, so zu sein, und Joan und ich haben ein wenig dazu beigetragen. Er kann mir nicht sagen, was wir getan haben, weil das in seinem Unterbewußtsein ist.
3. Einige Dinge, die mir viel bedeuten, gibt es tatsächlich nicht mehr. Aber sie können und müssen durch andere Dinge ersetzt werden.
4. Es tut so weh. Ich möchte diesen Schmerz wirklich loswerden, und es gibt Möglichkeiten, das zu tun.

Zusätzlich zu verbesserten Aussagen über das, was wir mehr instinktiv glauben, kann die richtige Art, sich etwas vorzustellen eine sehr starke Hilfe sein. Norman Vincent Peale schlägt folgendes vor:

> »Versuchen Sie, sich eine Tafel mit einem wilden Durcheinander von unzusammenhängenden Worten und Satzteilen oder einem Gewirr von hingekritzelten Mathematikaufgaben mit falschen Lösungen vorzustellen – kurz, eine traurige Aufzeichnung von Fehlern. Stellen Sie sich dann eine leuchtende Gestalt vor, den Herrn selbst, der mit einem Schwamm oder einem feuchten Tuch quer über die Tafel fährt, sie ganz abwischt und für einen neuen, stärkeren, besseren Versuch vorbereitet. Der Herr hat Ihre Sünden und Fehler vergeben. Vergeben Sie sich also auch selbst, denn wenn Sie das nicht tun, wird sich der alte Kreislauf der Sünde wiederholen. Lassen Sie sich diese ganze Bildfolge immer wieder durch den Kopf gehen. Was Sie sich vorstellen, ist Vergebung und Annahme, und wenn das Bild lebendig genug ist, wird daraufhin ein starkes Gefühl von Frieden und Wohlbefinden folgen.«[26]

Perfektionismus

Es gibt noch einen weiteren Aspekt von Schuld, den man im Überfluß antrifft: die Tendenz, sich jedesmal, wenn man etwas nicht ganz perfekt tut, schlecht zu fühlen und jede Aufgabe zu meiden, bei der man sich nicht gewiß ist, daß man sie erfolgreich lösen kann.

Ich will Ihnen ein Beispiel geben. Ein sehr angespannter, offensichtlich unter starkem inneren Druck stehender Mann kam in mein Büro, weil er seine Arbeit haßte. Er konnte nicht schlafen und hatte wegen Magengeschwüren und starker Schmerzen im Nacken und in der Lendenwirbelsäule den Arzt aufgesucht.

Ich fragte ihn nach seiner Arbeit.

»Nun, ich bin Rektor einer Oberschule, und meine Arbeit in der Schule macht mir einfach keine Freude mehr. Ich habe eine sehr gute Aufgabe, aber sie macht mich kaputt. Nie kann ich eine Pause machen oder die Arbeit unterbrechen, um Mittag zu essen. Ich esse an meinem Schreibtisch und schließe die Tür vielleicht zehn Minuten lang. Gegen 7.30 Uhr komme ich im Büro an, und ich verlasse es gegen 18.30 Uhr. Und in den ersten und den letzten sechs Wochen des Schuljahrs nehme ich ganze Kartons voll Arbeit mit nach Hause. An den Samstagen arbeite ich gute 10 Stunden.«

Ich fragte ihn, warum er so viel arbeite.

»Weil es keinen anderen gibt, der die Arbeit erledigt. Wir haben zu wenig Personal und die Schreibarbeit wird immer mehr, und ich kann mit dem Gedanken, daß etwas unerledigt bleibt, nicht leben.«

»Arbeiten alle Direktoren so viele Stunden?« fragte ich.

»Nein, ganz sicher nicht.«

»Sitzt Ihnen Ihre Aufsichtsbehörde im Nacken?«

»Oh nein, die macht keine Probleme. Nein, diese Maßstäbe lege ich mir selbst auf. Ich tue das für mich selbst, nicht für irgend jemand anderes. Niemand bei der Aufsichtsbehörde wird wissen, ob ich um 16.30 Uhr oder um 18.00 Uhr gegangen bin. Ich tue es, weil ich es einfach nicht ausstehen kann, wenn etwas unerledigt bleibt. Ich fühle mich dann einfach so schuldig.«

Als wir weiter miteinander sprachen, wurde ihm klar, daß seine perfektionistischen Maßstäbe unrealistisch waren. Wenn er 100 Stunden pro Woche arbeiten müßte, um alles zu erledigen, würde er das tun? Würde er auch 150 Stunden arbeiten? Die meisten von uns müssen lernen, viele gute Dinge unerledigt zu lassen, und die Zeitmanagement-Spezialisten sagen uns sogar, das Geheimnis eines erfolgreichen Lebens sei, nur die wichtigsten Dinge auszuwählen und zu tun und die unwichtigen Dinge unerledigt zu lassen.

Dieser Direktor begann, die Gewohnheiten, mit denen er vor langer Zeit begonnen hatte, zu analysieren. Er war in einer Familie von Versagern großgeworden, und um sich auszuzeichnen, mußte er sich von ihnen distanzieren und ein sehr disziplinierter Schüler werden. Im College hatte er kein Geld und arbeitete zusätzlich zu den Vorlesungen und dem Studium jeden Tag volle acht Stunden. Das hieß, daß er auch nicht eine Minute vergeuden durfte. Er riß sich innerlich so zusammen, um diesen harten Arbeitsstil durchzustehen, daß er bald automatisch ein schlechtes Gewissen bekam, wenn er sich jemals zurücklehnte und entspannte.

Diese Selbstdisziplin kam ihm sehr zugute und brachte ihn in die Position, die er jetzt hatte. »Als Kind hatte ich ein schreckliches Selbstbild«, sagte er, »aber sobald ich meinen Collegeabschluß hatte und Lehrer wurde, war ich recht zufrieden mit mir. Ich fühlte mich ziemlich kompetent.« Und indem er sich selbst so antrieb, hatte er es weit gebracht.

Aber jetzt wird er nicht mehr von Ehrgeiz angetrieben – er kann es kaum erwarten, daß er pensioniert wird. Er fühlt sich sicher unter seinen Kollegen, er hat eine gute Position und er weiß, daß er einer der besten Verwaltungsbeamten der Stadt ist.

Aber er wird immer noch von einer Gewohnheit bestimmt – der Gewohnheit, von Schuldgefühlen vorwärtsgetrieben zu werden. Je länger er so gelebt hatte, um so weniger war ihm klar, warum er es tat, und nun ist er ein so eingefleischter Perfektionist, daß andere Dinge, die ihm wichtig sind, wie seine Ehe und die Beziehung zu seinen Kindern, dadurch gefährdet werden.

Dieser Mann führt all das darauf zurück, daß er als Kind ständig bestraft und erniedrigt worden ist. Zur Strafe mußte er zum Beispiel das ganze Geschirr aus dem Schrank nehmen und es sechsmal hintereinander abwaschen und abtrocknen. Er hielt sich selbst für sehr wertlos. Dann wurde er Lehrer und sein Selbstwertgefühl begann langsam zu steigen, denn er konnte beinahe von Anfang an erkennen, daß er besser als die meisten anderen Lehrer war. Der Grund dafür war recht einfach: Er investierte weit mehr Stunden und Energie, als jeder andere. Und warum tat er das? Weil er sowohl nach Bestätigung hungerte als auch danach, zur Abwechslung einmal erfolgreich zu sein. Zweitens befürchtete er immer noch so viele Dinge, die ihm andere antun könnten.

Er hatte die angeborene Angst, daß er getadelt, verurteilt und mit Schande überhäuft würde, falls er etwas verpfuschen sollte.

Als Therapeut dieses Mannes war es für mich paradox zu wissen, wie sehr er einerseits Hilfe brauchte, um seine unerträglichen Gewohnheiten zu beenden, und andererseits gerade diesen Gewohnheiten verdankte, ein sehr, sehr guter Lehrer und Rektor einer angesehenen Schule geworden zu sein. Dr. Ralph Greenson sagte einmal, wenn es so etwas wie Neurosen nicht gäbe, würde auf dieser Welt herzlich wenig erreicht werden.

Dennoch, der Arbeitszwang dieses Mannes war übertrieben und nahm immer noch zu. Da stand er nun, kurz vor der Pensionierung, und wurde immer noch von einem schlimmen Perfektionismus geplagt. Er hatte so lange auf diese Weise gearbeitet, daß er vergessen hatte, warum er es tat. Er sorgte sich schon lange nicht mehr darum, ob seine Vorgesetzten mit ihm zufrieden waren oder nicht. Aber aufgrund seiner Gewissenhaftigkeit hat er sich so angetrieben, daß er am Rande eines körperlichen Zusammenbruchs stand.

Die Populärpsychologie und einige Religionen versprechen uns, wie wundervoll alles sein kann, wie großartig wir alles überwinden und alles erreichen können, wenn wir es uns nur stark genug vorstellen und visualisieren. Aber die Sicht vom Menschen, die sie anbieten – daß er ein Wesen ist, daß vollkommen gemacht werden kann –, stimmt weder mit der Bibel noch mit unserer Erfahrung und auch nicht mit der Erkenntnis, die man aus der Geschichte der Menschheit gewinnen kann, überein. Menschen können Beachtliches erreichen, aber in Gottes Augen und an Gottes Maßstäben gemessen können wir einfach nicht vollkommen werden, und je eher wir uns mit dieser Erkenntnis anfreunden können, um so zuversichtlicher werden wir sein.

Wir müssen hier sehr genau unterscheiden: Einerseits wollen wir die Arroganz eines Menschen, der kein Gewissen zu haben scheint und keine Schulderkenntnis hat, vermeiden. Seine »Großartigkeit« wird sich über kurz oder lang in nichts auflösen. Andererseits wollen wir die Selbstverachtung eines Menschen vermeiden, dessen Lebensaufgabe es zu sein scheint, sich für seine Existenz zu entschuldigen.

Teil V

Wie Liebe zu Selbstwertgefühl führt

Kapitel 11

Knüpfen Sie ein Netz von stützenden Beziehungen

Nichts kann die Abwesenheit eines Menschen,
den wir lieben, wettmachen,
und es wäre falsch, wenn man versuchte, einen Ersatz zu finden.
… Es ist Unsinn zu sagen, daß Gott die Lücke füllt;
er füllt sie nicht, im Gegenteil: Er hält sie leer und hilft uns so,
unsere frühere Kommunikation miteinander am Leben zu halten,
selbst um den Preis des Schmerzes.
– Dietrich Bonhoeffer –

Manchmal frage ich Menschen, die mit einem angeschlagenen Selbstwertgefühl zu mir kommen, ob sie irgendwelche Beziehungen pflegen würden, die ihnen wichtig sind.

»Sind Sie verliebt oder haben Sie ein paar gute Freundschaften?«

»Nein«, antwortet der Betreffende dann häufig, »ich bin dafür noch nicht bereit. Ich komme zur Seelsorge, um mein Selbstbild zu korrigieren. Danach bin ich vielleicht bereit für engere Beziehungen.«

Aber das ist, als ob ein Mann mit wachsenden Rundungen sportliche Übungen erst dann beginnen möchte, wenn er fit ist. *Identität* (der Einklang mit sich selbst) und *Intimität* (die persönliche, tiefere Beziehung zu wenigstens einem Menschen) müssen Hand in Hand gehen.

Die Sicht, daß ein positives Selbstbild notwendig ist, bevor man irgendeine positive Beziehung aufbaut, ist einer der Gemeinplätze der gegenwärtigen Selbsthilfeliteratur. Viele Bücher und Selbsthilfeseminare betonen, daß man sich nicht von der Bestätigung durch andere abhängig machen darf. Es muß alles von innen heraus kommen – sagen sie.

Aber das ist wie die Frage, was zuerst da war: die Henne oder das Ei. Es stimmt, je stärker unser Selbstwertgefühl, umso leichter werden wir eine Beziehung zu anderen entwickeln. Aber ein gesundes Selbstgefühl entdeckt man nicht auf einer einsamen Insel, auf der man eine seelische Nabelschau veranstaltet. Wir werden zum Teil durch die Menschen definiert, die uns umgeben, und das Selbstbild wird durch Gemeinschaft sehr gestärkt. Dafür zu sorgen, daß man in seinem Leben viel Liebe empfängt und gibt, und die notwendigen Schritte zu unternehmen, um ein Netzwerk von stärkenden und fördernden Beziehungen aufzubauen, ist deshalb eine der zuverlässigsten Methoden zur Verbesserung des Selbstwertgefühls.

Liebe führt unter anderem dadurch zu Selbstwertgefühl, daß wir Beziehungen unterhalten, die hilfreich sind:

> *Pflegen Sie Beziehungen zu Menschen,*
> *die Ihr persönliches Wachstum unterstützen.*

Ich arbeite seit einer qualvoll langen Zeit mit einer Frau Mitte Dreißig. Aber mein eigenes Gefühl der Qual ist nichts im Vergleich zu dem, was sie durchmacht, und ich sage mir, daß ich durchhalten muß. Ihre Situation ist wie folgt: Sie wohnt in einem großen Gebäude mit Mietwohnungen in Los Angeles. Am Morgen ißt sie ihr Frühstück allein, geht dann hinunter in die Parkgarage, fährt hinaus auf die Stadtautobahn und parkt ihren Wagen in einer anderen Tiefgarage unter ihrem Bürogebäude. Dort beginnt sie ihre Arbeit in einer kleinen Bürozelle. Sie arbeitet allein und hat nur wenig Kontakt zu den Menschen in den Bürozellen um sie herum. Normalerweise ißt sie allein zu Mittag, und am Ende des Tages fährt sie zurück in ihren Wohnblock und betritt ihre leere Wohnung, wo sie sich fast nie die Mühe macht, sich etwas Warmes zu kochen, sondern in der Küche am Spülbecken im Stehen ißt. Und um 19.00 Uhr oder um 20.00 Uhr legt sie sich hin und hofft, daß sie einschläft, »denn«, so sagt sie, »diese 10 oder 11 Stunden sind die einzige Erleichterung von dieser schrecklichen Einsamkeit, die mich umgibt.«

Es ist kein Wunder, daß diese Frau dreimal ins Krankenhaus eingewiesen wurde und daß sie sich ihr ganzes erwachsenes Leben lang immer wieder in Beratungstherapie befand. Die alten Rabbiner hatten recht, als sie sagten: »Jeder, der zu weit alleine geht, wird verrückt.«

Es ist einfach, auf solch eine nicht angepaßte Frau zu sehen und ihren Mangel an Freunden als das Resultat ihrer aggressiven Persönlichkeit abzutun. Das stimmt natürlich auch teilweise. Obwohl sie sich verzweifelt nach Gesellschaft – und besonders nach romantischer Liebe – sehnt, tut sie vieles, um jeden zu vertreiben, der ihr zu nahe kommt, und diese rauhen Kanten ihrer Persönlichkeit benötigen viel Arbeit. Deshalb wird es nicht ausreichen, daß man sich – wie es einige Therapeuten tun – nur darauf konzentriert, ihr Selbstbild wiederherzustellen, und sie dann losschickt, damit sie eine Beziehung zur Welt findet. Wir müssen uns um ihre zwischenmenschlichen Probleme kümmern, eines nach dem anderen, und wir beide, sie und ich, müssen immer wieder einen neuen Anlauf nehmen, bis sich ein paar Freundschaften zu bilden beginnen. Ich muß da sein, um ihr zu helfen, die Scherben aufzulesen, wenn ihre Beziehungen zerbrechen, und herauszufinden, was sie falsch gemacht hat, und um dann korrigierende Maßnahmen zu ergreifen, damit sie das nächste Mal mehr Erfolg hat.

Das Bedürfnis nach Liebe

Menschen sind für die Liebe geschaffen, und ich merke immer wieder, daß viele meiner Klienten das vergessen. Sie kämpfen darum, ihr Selbstbild mit verschiedenen Techniken zu stützen, ohne sich um jene Quelle ernsthaft zu kümmern, von der sie am ehesten Hilfe bekommen würden, nämlich gute Freundschaften. Gegen diese Möglichkeit protestieren sie auf verschiedenste Weise – sie hätten zu viel zu tun, sie hätten gelernt, allein zu leben und niemanden zu brauchen, sie könnten Menschen nicht vertrauen, sie seien echte Einzelgänger und zögen es vor, allein zu sein. Aber das ist alles nur ein Vorwand, und dahinter liegt ein viel größeres Verlangen, zu lieben und geliebt zu werden.

Viele Menschen machen den Fehler zu glauben, sie könnten nur glücklich sein, wenn sie den richtigen Mann oder die richtige Frau für eine Ehe fänden, und vernachlässigen das wichtige Gebiet der Freundschaft. Die wenigsten Menschen sind ausreichend auf eine sexuelle Beziehung vorbereitet, bevor sie nicht gelernt haben, eine Freundschaft aufrecht zu erhalten. Wir müssen nicht heiraten, um glücklich zu sein, aber wir brauchen unbedingt Liebe, und die kann man in der richtigen Art von Freundschaft finden. Das Paradoxe daran ist, daß ein Mensch, der beginnt, sich in einigen festen Freundschaften mit Menschen des gleichen Geschlechts zu entspannen und nicht mehr so sehr darum besorgt ist, den Mann oder die Frau seiner Träume zu finden, für das andere Geschlecht immer attraktiver wird. Für einen Menschen, der in offener, herzlicher Freundschaft lebt, ist der Sprung in eine verschiedengeschlechtliche Beziehung lange nicht mehr so problematisch.

Es gibt noch einen anderen Grund, die Betonung stärker auf Freundschaft und weniger stark auf die »Liebe zwischen Mann und Frau« zu legen: die Realität von Scheidung und Tod. Die meisten Menschen werden mindestens einen Teil ihres Lebens als Erwachsene ohne Ehepartner verbringen müssen, und deshalb ist es eine schlechte Strategie, alles auf eine Karte zu setzen. Wir könnten plötzlich völlig ohne Liebe dastehen, wenn unserem Partner etwas zustößt. Wenn mir ein Mann sagt: »Ich brauche keine anderen Freunde – meine Frau ist mein bester Freund«, breche ich nicht in Applaus aus. Er bringt seine Ehe zu sehr unter Druck, denn es ist unmöglich, daß irgendein Mensch allein alle unsere emotionalen Bedürfnisse erfüllen kann. Wenn man das von seinem Ehepartner erwartet, verlangt man Unmögliches. Ferner fürchte ich um den Mann, falls er, was Gott verhindern möge, plötzlich ohne Frau dastehen sollte. Ihr Ehepartner sollte zwar Ihr bester Freund sein, aber nicht Ihr einziger.

Wie fängt man es an, einen Kreis stützender Freundschaften aufzubauen? Die meisten meiner Klienten meinen, das Problem läge darin, einen Ort zu finden, an dem sie neue Menschen kennenlernen könnten. Aber die Antwort liegt im wesentlichen nicht darin, mehr Menschen kennenzulernen, sondern darin, die Beziehungen, die man schon hat, zu vertiefen. Viele von uns haben Bekanntschaften, aus denen Freunde werden könnten, und einige Freunde könnten zu guten Freunden werden. Es mag einfacher erscheinen, mit jemand Neuem zu beginnen, aber die beste Quelle für Liebe liegt wahrscheinlich in Ihrem jetzigen Familien- und Bekanntenkreis.

Die Bedeutung der Familie

Einige der Frauen, die zu mir in die Seelsorge kommen, sind in Panik, weil sie jene Studien gelesen haben, die zeigen, wie gering ihre Chancen auf eine Ehe sind, wenn sie ein abgeschlossenes Studium haben und bereits über dreißig Jahre alt sind. Ich habe ältere, alleinstehende Frauen gesehen, die auch einmal zur Beratung kamen, die plötzlich heirateten, so daß ich hinsichtlich ihrer Chancen optimistischer bin, als sie selbst es sind. Dennoch trifft es zu, daß wir nicht damit rechnen können, unser gesamtes Erwachsenendasein in einer Kernfamilie zu verbringen, und deshalb ist es wichtig, in viele Richtungen starke Netzwerke der Unterstützung und Förderung aufzubauen. Eine wichtige Richtung dafür ist die erweiterte Familie – Tanten und Onkel, Nichten, Cousins und Großeltern.

Eine Freundin, die 45 Jahre alt ist, sagt mir, daß ein Besuch bei ihren Eltern in Indiana immer eine »bunte Mischung« ist. Sie hat Kontakt mit einigen Verwandten, die sie lieber nicht mehr sehen würde, und in der Regel streitet sie sich mindestens einmal mit ihren Eltern.

»Aber es ist wichtig, daß ich bei meiner Familie bin«, sagt sie.

»Ich beobachte die Eigenheiten meiner Großmutter und die Art meiner Eltern und sage mir: ›So, daher habe ich also jene Eigenschaft.‹ oder ›Deshalb reagiere ich so.‹ Manchmal sage ich: ›Ich bin froh, daß ich diesen Charakterzug habe, aber den da werde ich hinauswerfen.‹ Und wenn ich zurückkomme, habe ich jedesmal das Gefühl, daß ich mich selbst besser kenne und irgendwie eine klarere Vorstellung davon habe, wer ich bin, woher ich komme und wohin ich gehen will.«

Sie ist eine weise Frau. Einige von uns haben sich von ihrer Vergangenheit getrennt, sind Tausende von Kilometern weggezogen und tun so, als kämen sie aus dem Weltall, obwohl sie doch Wurzeln haben – Vorfahren, die Namen haben und vererbbare Veranlagungen und klar erkennbare körperliche Merkmale. Es ist, wie meine Freundin es ausdrückt, »eine bunte Mischung«, aber wir brauchen diese Verbindungen mit unserem Erbe, denn sie helfen uns zu wissen, daß es Menschen gibt, die uns kennen, daß uns jemand einen Namen gegeben hat und daß eine Familie immer noch unseren Namen kennt. Solche Verbindungen machen uns sicherer in unserer Identität, denn wie John Dos Passos es ausdrückt:

> *»Ein Gefühl der Verbindung mit den Generationen vor uns kann sich wie eine Lebenslinie quer durch die bedrängende Gegenwart erstrecken.«*

Der Wert einer Gruppe

Ich habe schon vor langer Zeit gelernt, daß meine Klienten manchmal von einem Monat Gruppentherapie mehr haben als von einem Jahr Einzeltherapie. Gruppentherapie ist zum Teil deshalb so wertvoll, weil die Gruppe einem genaue Rückmeldung darüber geben kann, wie man auf andere wirkt, denn in solch einer Gruppe fallen die meisten von uns wieder in unsere übliche Art der Kontaktaufnahme zurück. Und in einer ehrlichen Gruppe werden einem die Teilnehmer ganz genau sagen, wie man auf andere wirkt, während der größte Teil der Gesellschaft das nicht tun wird.

Ich möchte an dieser Stelle die Bereicherung und die Verstärkung, die solche Gruppen einem geben können, hervorheben. Die »Anonymen Alkoholiker« bieten hervorragende Unterstützung für Menschen, die mit körperlicher Abhängigkeit von einer Droge kämpfen, und es gibt viele andere Arten von unterstützenden Gruppen für Menschen mit ganz speziellen Interessen und Bedürfnissen. Die meisten Kirchen haben solche Gruppen. Sie haben sehr unterschiedliche Namen und Strukturen. Deshalb ist es weise, für diesen Zweck keine Gruppe auszusuchen, die sich hauptsächlich aufgabenorientiert (etwa zum Bibelstudium) trifft (so wertvoll solche Gruppen auch für andere Ziele sind). Sie sollte sich vielmehr auf die Gefühle der Teilnehmer konzentrieren und Vertrauen aufbauen, so daß sich die Gruppenteilnehmer frei fühlen, den anderen persönliche Probleme offen mitzuteilen. Idealerweise wird das Vertrauen schließlich so stark werden, daß man einander alles sagen kann.

Ich gehöre zusammen mit sechs anderen Therapeuten und Pastoren zu solch einer Gruppe, die wir, weil uns nichts Besseres einfiel, als *covenant group* [»Bündnisgruppe«] bezeichnen. Da wir ziemlich weit voneinander entfernt leben, treffen wir uns nur einmal im Monat, aber dieses Treffen dauert fünf Stunden, einen ganzen, langen Vormittag. In mancher Hinsicht ist es für mich das wichtigste Ereignis des ganzen Monats. Diese Männer kennen meine schlimmsten Seiten und ziehen mich zur Verantwortung. Wenn ich dummes Zeug rede oder Anzeichen von Erschöpfung oder Oberflächlichkeit zeige, sagen sie es mir. Dies ist neben meiner Familie der Ort, an dem mich die Menschen am besten kennen, aber manchmal habe ich den Eindruck, sie können mein Verhalten und meine Gedanken sogar noch besser interpretieren als meine Familie, weil wir nicht so sehr an bestimmte Rollen gebunden sind. Wir sind da, um die Wahrheit zu sagen und um einander zu lieben. Wir gehen nicht weg, wenn einer von uns geheime Schattenseiten offenbart. Wir sind weiter darum besorgt, was mit den anderen passiert und zeigen weiterhin Zuneigung und Achtung füreinander.

Das Leben dieser Gruppe geschieht nicht von allein. Jeder von uns muß daran arbeiten. Wir müssen unsere Terminpläne so arrangieren, daß wir zusammensein können. Wir müssen uns zu den Treffen schleppen, wenn wir bekennen müssen, daß wir es nicht geschafft haben, nach den Beschlüssen zu leben, die wir letzten Monat gemeinsam erarbeitet und festgelegt haben. In solchen Zeiten sind wir versucht, zu Hause zu bleiben, aber wir haben einen Pakt geschlossen, daß wir kommen, ganz gleich, wie voll unser Terminplan ist. Und wir sind hinterher immer froh, daß wir gekommen sind. Obwohl wir einander manchmal hart anfassen, besteht zu keinem Augenblick ein Zweifel an der bedingungslosen Liebe unserer Brüder; und das ist von äußerster Wichtigkeit.

Wir telefonieren auch miteinander zwischen den Treffen. An manchen Tagen bin ich deprimiert und fühle mich eher wie ein Fußabstreifer. Wenn ein Mitglied der Gruppe das an meiner Stimme merkt, bestätigt er mir neu, daß ich wertvoll bin. In solchen Zeiten scheinen sie mich mehr zu mögen als ich mich selbst.

Ich erwähne diese unterstützende Gruppe, um einen sehr grundlegenden Punkt zu illustrieren: Wenn wir uns mit einigen sehr engen Freundschaften umgeben, errichten wir eine Versorgungsleitung, die uns mit einem Strom der Ermutigung versorgt. Wir dürfen immer wieder spüren, wie wichtig es anscheinend für andere ist, daß es uns gibt. Wir erfahren unseren Wert bestätigt. Das geschieht natürlich nicht einfach so, sondern es wird uns einiges kosten, aber es ist jeden Funken Energie, den wir investieren, wert.

Kein anderer Schritt, den ich zur Stärkung des Selbstwertgefühls kenne, ist so wichtig wie der Aufbau eines Netzes von bestätigenden, liebevollen Beziehungen. Manchmal befinden sich die Menschen, die in die Seelsorge kommen, deshalb in solch einem schlechten Zustand, weil es in ihrem Leben nicht genug Liebe gibt, und sie schreien schon fast: »Bitte, habt mich lieb, ganz gleich, wer!« Fortschritt stellt sich dann ein, wenn sie fähig werden, sich zu entspannen, nicht mehr um Liebe betteln und selbst anfangen zu lieben. Sie schauen nach jemandem aus, dem sie einen Gefallen tun können, jemandem, dem sie ein ermutigendes Wort sagen können, jemandem, um dessen Schulter sie einen Arm legen können und den sie vielleicht mit der Zeit sogar lieben können. Wenn wir nur deshalb an einem Netzwerk arbeiten, weil wir etwas bekommen wollen, erreichen wir in der Regel das Gegenteil. Aber wenn wir anfangen, andere zu finden, die Liebe brauchen, und die Initiative ergreifen, indem wir ihnen diese Liebe geben, scheint die Liebe wieder zu uns zurückzufließen.

Wie man mit Ablehnung umgeht

Von den Menschen zu verlangen, daß sie uns lieben,
weil wir selbst uns nicht lieben können,
ist eine hundertprozentige Garantie für weitere Ablehnung.
– Judith Viorst –

Ich werde sie Brenda nennen, aber es gibt viele Frauen, auf die ihre Beschreibung paßt. Als ich Brenda kennenlernte, wirkte sie wie ein verängstigter Vogel. Sie war auffallend schön. Sie war intelligent. Sie war geschmackvoll gekleidet. Aber als sie über ihre Einsamkeit sprach und darüber, wie eintönig ihre Beziehungen waren, wurde deutlich, wie schlecht sie sich fühlte und wie verzweifelt sie sich nach jemandem sehnte, der ihr Liebe geben würde.

Als ich vor vielen Jahren begann, als Seelsorger zu arbeiten, und zum ersten Mal mit Frauen wie Brenda arbeitete, ging ich davon aus, daß sie ein übertriebenes Bild ihrer Situation zeichneten. Eine Frau, die so gut aussieht, dachte ich, hat doch sicherlich jede Menge Verabredungen und muß viele Gelegenheiten haben, sich zu verlieben. Daß ich zu solchen voreiligen Schlüssen kam, zeigt, wie naiv ich war in bezug auf das, was auf einen Mann anziehend wirkt. Die Autorin Alexandra Penny bat einmal einhundert Männer, das Wort »sexy« zu definieren. Die sieben häufigsten Antworten waren: »selbstbewußt«, »gelassen«, »intelligent«, »selbstsicher«, »freundlich«, »feminin« und »unbefangen in bezug auf ihren Körper«. Schönheit und ein sinnlicher Körper kamen ganz am Ende der Liste, und keiner sagte, er wolle eine Frau, die wie ein Model aussieht.

Wie kam es, daß Brenda so viele äußerliche Schönheitsmerkmale besaß, aber nicht das nötige Selbstbewußtsein hatte, um Männer anzuziehen? Es lag an ihren Erinnerungen an frühere Ablehnung. Als Brenda neun Jahre alt war, wuchs sie 13 cm, und in der Realschule war sie immer das größte Mädchen in der Klasse. Als sie 1,78 m groß war, hörte sie auf zu wachsen, und nun, als erwachsene Frau, wurde ihr gutes Aussehen durch ihre Größe noch verstärkt. Aber sie kann das nicht glauben, und sie kann die Tanzveranstaltungen der Schule, bei denen alle ihre Freundinnen aufgefordert wurden und sie übrig blieb, nicht aus ihrem Gedächtnis löschen. »Vielleicht wissen Sie nicht, wie das ist, Dr. Mc-Ginnis«, sagte sie, »wenn man zu einer Gruppe gehört und die einzige ist, die nicht aufgefordert wird. Man fühlt sich wie ein Stück Dreck.«

Dies ist eine Frau, in deren Inneren sich, quasi als blinder Passagier, immer noch ein verletztes, schüchternes Kind befindet, das ihr sagt, sie müsse vorsichtig sein, damit sie nicht in weitere Situationen käme, in denen man sie ablehnt. Und das Ergebnis ist, daß sie ängstlich und zurückgezogen lebt. Sie erlaubt sich nur selten, dorthin zu gehen, wo sie Männer kennenlernen könnte, und wenn sie gelegentlich eine Verabredung hat, ist sie kühl und unnahbar. Sobald in einer Beziehung auch nur das geringste Anzeichen eines Problems auftaucht, steigt sie schnell aus. Es ist nicht schwer zu verstehen, warum – sie hat schmerzliche Erinnerungen der Ablehnung und wird beinahe alles tun, um zu verhindern, daß sie erneut diesen Schmerz verspürt.

Oder nehmen wir meinen Freund Harry, der vor vier Jahren von seiner Frau verlassen wurde und der sich in seine Kellerwerkstatt zurückgezogen hat. Harry war früher ein ziemlich kontaktfreudiger, lebenslustiger Kerl, der ein Familienpicknick am Strand genießen konnte. Aber irgend etwas zerbrach, als Joan die Scheidung einreichte. Er hat keine Verabredungen, er besucht nur selten seine Kinder (und wenn, ist er sehr still), und wenn seine Freunde anrufen, erreichen sie in der Regel seinen Anrufbeantworter.

Wenn man Harrys zurückgezogenes Leben betrachtet, könnte man zu dem Schluß kommen, daß er feindselig und bitter geworden sei. Aber Harry ist nicht bitter; er ist einfach depressiv. Er sagt sich: Wenn die Frau, die ihn am besten kannte, nicht mit ihm verheiratet sein wollte, wer sollte es dann wollen? Und er glaubt, seine Kinder und Freunde riefen ihn nur aus Mitleid an.

Die meisten von uns haben zwar nicht solch tiefe Wunden davongetragen wie Brenda oder Harry, aber wir haben Ablehnung erfahren, und schlimmer noch – wir werden sie mit Sicherheit wieder erfahren. Deshalb ist die Frage, wie wir damit umgehen, einer der wichtigsten Faktoren für die Formung unseres Selbstbildes und für unseren allgemeinen Erfolg im Leben. Eine zweite Art, durch Liebe zu Selbstwertgefühl zu gelangen, ist also:

> *Lassen Sie nicht zu, daß Ablehnung Sie davon abhält,*
> *auf andere Menschen zuzugehen.*

Dies ist nicht nur eine der wichtigsten Regeln für die Entwicklung von Freundschaften, sondern für beinahe alles, was wir erreichen wollen. Vor einiger Zeit sprach ich auf einer Konferenz von Marketing-Leuten und lernte dort einen Manager kennen, der sein ganzes Leben im Verkauf gearbeitet hatte und sehr erfolgreich gewesen war. Aber er schien nicht die üblichen Anforderungen an einen guten Verkäufer zu erfüllen. Er hatte eine hohe Stimme und sprach schnell, so daß es manchmal schwierig war, ihn zu verstehen. Er gehörte auch nicht zu den Leuten mit einem festen Händedruck, die einem gleich in die Augen sehen. Im Gegenteil, er wirkte ziemlich schüchtern.

»Wie kommt es, daß sie so erfolgreich sind?« fragte ich.

»Man braucht nur eine einzige Fähigkeit, um im Verkauf gut zu sein«, sagte er, »und das ist die Fähigkeit, mit Ablehnung fertigzuwerden. Das ist die eine Eigenschaft, die man für den Erfolg braucht, und ohne sie wird man nie erfolgreich sein.«

Das, was er über den Verkauf sagt, trifft auch auf Liebe und Freundschaft zu. Ich lerne viele Menschen kennen, die abgelehnt worden sind. Vielleicht waren sie verliebt und die Freundschaft hat sich als Fehlschlag erwiesen, vielleicht haben sie eine Scheidung hinter sich oder ihre Familie ist auseinandergebrochen. Nach diesen negativen Erfahrungen sind sie immer vorsichtiger geworden, weil sie befürchteten, daß andere sie ebenfalls ablehnen würden. Das Ergebnis ist ein Teufelskreis: Je mehr sie erwarten, abgelehnt zu werden, umso öfter passiert es tatsächlich. Sie ziehen sich zurück, was andere als Unnahbarkeit interpretieren, und das stößt Menschen ab, so daß sie selbst immer häufiger abgelehnt werden, bis sich der Betreffende schließlich völlig zurückzieht.

Es ist ein Fehler zu meinen, daß jeder Selbstzweifel von negativen Erlebnissen in der Kindheit herrührt. Philip G. Zimbardo, Professor der

Psychologie an der *Stanford Universität*, hat mehr als zehn Jahre lang schüchterne Menschen studiert und entdeckt, daß volle 40 % der Amerikaner von sich selbst sagen, sie seien schüchtern. Die erstaunlichste Entdeckung, die Zimbardo machte, war, daß ganze 25 % dieser Leidenden erst als Erwachsene schüchtern wurden.

Andererseits gibt es Menschen, die als Erwachsene von irgend jemandem verletzt wurden und aus dieser Erfahrung mit noch mehr Selbstbeherrschung und Bereitschaft zur Liebe hervorgehen. Um Punkt 20.00 Uhr geht eine Frau um die Sechzig forsch vom Bühnenrand zur Mitte der Bühne des *Grace Rainey Rogers Auditoriums* im New Yorker *Metropolitan Museum of Art*. Der Saal ist bis auf den letzten Stuhl besetzt, und Eintrittskarten für die Vorlesungsreihe sind sechs Monate im voraus verkauft – wie immer, wenn Rosamond Bernier ihre Diavorträge hält. Dasselbe gilt, wenn sie in der *National Gallery* in Washington, D. C., erscheint, oder im *Minneapolis Institute of Arts*, dem *Los Angeles County Museum of Art* und den vielen anderen bekannten Institutionen, die sie jedes Jahr aufs neue einladen. Sie sagt, daß sie inzwischen für weniger als 5 000 $ »nicht einmal mehr ihren Mund öffnet«, und sie bekommt weit mehr Einladungen, als sie annehmen kann. Calvin Trillin, der in der Zeitschrift *The New Yorker* über sie schrieb, sagte: »Rosamond Bernier hat als Dozentin das, was beim Musiker das absolute Gehör ist. Vierzig- oder fünfzigmal im Jahr referiert sie mit solch einer Sicherheit und Brillanz über ihr abendliches Thema, daß Langeweile absolut ausgeschlossen ist ... In ihrer Stimme liegt eine Lebhaftigkeit, die die Zuhörer den ganzen Abend lang fesselt. Das Leben ist großartig, so gibt sie zu verstehen, und selbst wenn es nicht so großartig ist, gibt es doch diese Menschen, Künstler und andere, die es schöner erscheinen lassen.«

War Rosamond Bernier immer so weit »oben« und so glücklich? Ganz und gar nicht. Die Geschichte ihres schweren Schicksals ist in Künstlerkreisen gut bekannt und trägt wahrscheinlich noch zu ihrem geheimnisvollen Nimbus bei: Nach zwanzig Jahren Ehe reichte ihr Mann die Scheidung ein. Plötzlich war sie von allem abgeschnitten, was ihr etwas bedeutete: von ihrer Wohnung in Paris, einem Landhaus mit Garten, und – und das war für sie am schlimmsten – von der Kunstzeitschrift, die sie und ihr Mann gemeinsam gegründet und herausgegeben hatten. Wenn man sie heute beobachtet, kann man kaum glauben, daß

Rosamond Bernier beinahe zwei Jahre lang seelisch zu nichts mehr fähig war. Aber 1969 hörte Michael Mahoney, ein Kunsthistoriker, wie Rosamond einem Freund den Surrealismus erklärte, und er war so begeistert von ihrem Enthusiasmus für das Thema, ihren gut erzählten Anekdoten und ihrer knappen, fesselnden Darstellung, daß er sie, ohne ihr etwas davon zu sagen, für vierzehn Vorlesungen im *Trinity College* in Hartford einplante. Als sie davon erfuhr, war sie starr vor Angst, aber nach der ersten Vorlesung wurde sehr rasch klar, daß sie, einmal auf dem Podium, ihre Zuhörer zu faszinieren verstand. Eine erstaunliche, neue Karriere hatte begonnen. Sie erhält viele Briefe von Frauen, die sagen, daß sie aus ihrem Beispiel Hoffnung geschöpft hätten. Ihre neue Ehe mit John Russell, dem Chef-Kunstkritiker der *New York Times,* verläuft glücklich, und viele Frauen, die ein ähnliches Schicksal erlitten haben wie sie, sagen ihr, daß sie sie bewundern, weil sie in der Mitte ihres Lebens ihr Schicksal in die eigenen Hände genommen hat, und nicht zuließ, den Rest ihres Lebens Opfer zu sein und im eigenen Schneckenhaus zu verschwinden.

Sich zurückziehen ist – mehr als alles andere, was ich kenne – der Grund, warum so viele meiner Klienten einsam sind. Was für ein Gegenmittel gibt es? Oder, um es anders zu formulieren: Gibt es eine Art, mit Ablehnung umzugehen, die verhindert, daß unser Selbstbild Schaden erleidet? Nachfolgend einige mögliche Strategien:

Strategie 1: Erwarten Sie Ablehnung

Manche Menschen sind überhaupt nicht darauf vorbereitet, wenn eine Beziehung stirbt oder wenn sich jemand gegen sie wendet und sie kritisiert, und weil sie das nicht erwartet haben, trifft sie dieser Schlag härter, als er sollte. Jeder, der in seinem Leben irgend etwas Bedeutendes tun will, wird dabei stolpern – und das nicht nur einmal. Und so wie Pflanzen sterben manche Beziehungen einfach eines natürlichen Todes. Ein andermal versuchen wir, eine Beziehung aufzubauen, und der andere lehnt uns ab.

Nehmen wir einmal an, Sie lernen jemanden kennen, der vielleicht ein guter Freund werden könnte. Nehmen wir weiter an, es hat nichts mit Verliebtheit zu tun. Er oder sie ist einfach ein Mensch, den Sie mögen. Also ergreifen Sie die Initiative und nehmen Kontakt auf, aber der andere zeigt wenig Interesse. Vielleicht versuchen Sie es mehr als einmal – Sie schlagen ein gemeinsames Mittagessen vor oder laden denjenigen zu sich nach Hause ein, und jedesmal wird Ihre Einladung abgelehnt. Das heißt noch nicht unbedingt, daß die andere Person irgend etwas an Ihnen auszusetzen hat. Vielleicht sind die Lebensumstände des anderen so, daß er oder sie noch vor einem Jahr oder ein Jahr später sehr positiv reagiert hätte, aber eben jetzt nicht. Oder vielleicht würde sich bei genauerem Hinsehen herausstellen, daß Sie beide nicht viele Gemeinsamkeiten haben, und die andere Person hat das eher erkannt als Sie. Ich wiederhole noch einmal: Das bedeutet nicht, daß der andere irgend etwas an Ihnen auszusetzen hat.

Strategie 2: Ziehen Sie die Möglichkeit in Betracht, daß etwas, was Sie für Ablehnung halten, vielleicht gar keine Ablehnung ist

Es ist sehr schade, wenn man auf verpaßte Gelegenheiten für Beziehungen zurücksieht und erkennt, daß man, weil man kein Risiko eingehen wollte, eine Gelegenheit verpaßt hat, Liebe zu geben und zu empfangen. Edward Dahlberg schreibt davon, wie sehr er sich danach gesehnt hatte, den Schriftsteller Theodore Dreiser kennenzulernen. Aber er zögerte, diesen großen, alten Mann zu stören. »Falls ich ihn anrufe«, überlegte Dahlberg, »wird er sicherlich den Hörer wieder auflegen, und ich wäre tödlich verletzt.« Aber schließlich wagte er es, und Dreiser bat ihn sofort, in seine Wohnung hinaufzukommen. Dahlbergs Bericht von der Beziehung, die sich entwickelte, macht betroffen:

>*»Meine Treffen mit Dreiser setzten sich fort, aber ich war immer der Meinung, daß ich ihm seine kostbaren Stunden raubte. Lange nach seinem Tod las ich, daß zu dem Zeitpunkt, als wir einander kennenlernten, sein bester Freund gestorben war und er gehofft hatte, daß er, Edward Dahlberg, den Platz dieses Freundes einnehmen würde. Seitdem hat der ständig hungrige Zahn der Reue immer wieder an mir genagt. Guter Gott! Theodore Dreiser brauchte mich, und ich, der ich in jeder Beziehung immer ein Bettler gewesen bin, erkannte nicht, wie sehr ich ihn brauchte!«*[27]

Strategie 3: Machen Sie sich klar, daß einige Menschen jeden ablehnen

Es ist möglich, daß der andere tiefe Wunden mit sich herumträgt und deshalb aus einem Bedürfnis nach Selbstschutz heraus andere sehr häufig ablehnt. In diesem Fall geht es nicht nur Ihnen so: Er oder sie rächt sich für vergangene Wunden, indem er um sich schlägt und andere verletzt, wo auch immer er kann. Sie bekommen sozusagen Post, die an einen anderen adressiert ist. Immer wieder sehe ich Klienten, die ein wahres Schlachtfeld von abgelehnten Menschen hinter sich zurücklassen. Einige von ihnen sind Männer, die es aufgrund ihrer eigenen Unsicherheit und Wut darauf anlegen, daß sich Frauen in sie verlieben und sie dann, sobald das geschehen ist, fallen lassen und weitergehen. Wenn eine Frau zufällig zwei oder drei solchen Männern hintereinander begegnet, könnte sie schnell zu dem Schluß kommen, daß sie selbst einen grundlegenden Fehler haben muß, während sie in Wirklichkeit einfach eine Reihe von Männern kennengelernt hat, die insgeheim bösartig sind.

Strategie 4: Versuchen Sie, aus der Ablehnung zu lernen

Wenn Sie immer wieder einen neuen Anlauf nehmen und es Ihnen egal ist, wieviele Versuche Sie unternehmen müssen, werden Sie irgendwann Erfolg haben. Aber Sie sollten trotzdem nicht die Lektionen ignorieren, die Sie aus Ihren Fehlschlägen lernen können. Es wäre möglich, daß Sie unabsichtlich etwas tun, was einen Teil der Ablehnung verursacht, und es wäre naiv, nicht herausfinden zu wollen, was das ist. Wenn Sie die Tatsachen erst einmal kennen, können Sie entscheiden, ob und was Sie ändern möchten. Vielleicht möchten Sie denjenigen, der Sie abgelehnt hat, danach fragen. Vielleicht möchten Sie andere Freunde fragen. Es macht einen zwar sehr verletzlich, wenn man zu jemandem sagt: »Ich verderbe anscheinend viele von meinen Freundschaften. Woran liegt das deiner Meinung nach?« Aber wenn man den Mut hat, es zu tun, könnte man vielleicht sehr viel lernen.

Strategie 5: Gestehen Sie sich das Recht zu, wütend zu werden

Bei einigen Fällen von Ablehnung müssen Sie herausfinden, wo Ihr Fehler lag und sich entschuldigen. In anderen Fällen müssen Sie wütend werden. Falls diese Aussage in Ihren Ohren übertrieben klingt, möchte ich Ihnen Joan vorstellen, deren Mann Stewart ein Verhältnis hatte. Und die andere war obendrein auch noch ihre beste Freundin. Wie reagierte Joan? Nachdem der erste Schock überwunden war und Joan eine Nacht lang geschrien und geweint hatte, redete Joan sich selbst ein, daß das alles ihre Schuld sei. Sie zwang sich, ihre Freundin anzurufen und zu sagen, sie hätte Verständnis dafür, daß so etwas passieren könne und hoffe, daß sie immer noch Freunde sein könnten. Je länger sie darüber nachdachte, umso mehr viel ihr ein, worin sie ihren Mann enttäuscht hatte. Sie hatte ihm nie dies gegeben und sie hatte jenes nie verstanden. Sie hatte es nicht geschafft, seine Bedürfnisse zu erfüllen oder mit der Bügelwäsche auf dem laufenden zu sein. Nachdem sie sich mehrere Wochen lang selbst fertiggemacht hatte, entschuldigte sie sich.

»Bitte verzeih mir«, sagte sie, »daß ich dich so unglücklich gemacht und in dieses Verhältnis getrieben habe.«

Stewart sagte ihr, er werde darüber nachdenken.

Als er schließlich genug darüber nachgedacht hatte, war Joan so depressiv, daß sie selbstmordgefährdet war. Statt dessen hätte sie wütend sein sollen.

Strategie 6: Versuchen Sie es immer wieder, bis Sie Erfolg haben

Diejenigen, die die Zähne zusammenbeißen und immer wieder neue Beziehungen ausprobieren, werden schließlich andere kennenlernen, mit denen sie sich verstehen. Jeder wird kritisiert. Ja, je mehr man von manchen Menschen bewundert wird und je erfolgreicher man wird, umso mehr wird man zur Zielscheibe für Kritiker. Ziehen Sie sich also nicht zurück, nur, weil Sie abgelehnt worden sind. Fassen Sie den Entschluß, daß Sie so viel Ablehnung wie nötig hinnehmen werden, bis Sie die Liebe finden, die Sie brauchen.

Ich arbeite in einem riesigen Stadtgebiet als Psychotherapeut, und es ist oft frustrierend für mich, daß so viele meiner Klienten, von denen ich weiß, daß sie wundervolle, aber einsame Menschen sind, einander nicht kennenlernen. Es ist oft so unnötig, daß die Menschen zu Hause sitzen und sich wünschen, jemand würde in ihr Leben treten. Wenn sie lernen könnten, auf gelegentliche Kurzschlüsse weniger empfindlich zu reagieren, kurz zu schlucken und von vorne anzufangen, falls sie versagen, könnten sie solche Beziehungen entwickeln, wie sie sie brauchen.

NACHWORT

Selbstwertgefühl ohne Selbstanbetung

Der Kern der Sache, wenn wir eine stabile Welt haben wollen,
ist etwas Einfaches und Altmodisches,
etwas, das zu erwähnen ich mich beinahe schäme
aus Furcht vor dem spöttischen Lächeln,
mit dem weise Zyniker meine Worte aufnehmen werden.
Was ich meine, ist Liebe, christliche Liebe.
– Bertrand Russell –

Wir müssen nun über ein Problem sprechen, auf das wir bereits mehrmals gestoßen sind: Wie vermeiden wir in diesem Prozeß, in dem wir ein Selbstwertgefühl gewinnen, die Sünde des Stolzes?

Joan Kennedy beurteilte sich selbst vor einiger Zeit in einem Interview mit einem Reporter des *Ladie's Home Journal* folgendermaßen:

> *»Ich habe Talent. Ich weiß, daß ich klug bin. Ich habe auf der Universität nur Einsen gehabt. Ich sehe immer noch gut aus. Ich weiß, daß ich all diese phantastischen Eigenschaften besitze. Mein Gott, ich glaube, Sie sprechen mit einer der faszinierendsten Frauen dieses Landes.«*

Solches Eigenlob und solch ein aufgeblasenes Ego trifft man leider häufiger an, als man sich vorstellen kann. Bei manchen gehört es schon zur Art, wie sie reden. Dennoch wirkt diese Form von Selbstdarstellung immer lächerlich, verlogen und irgendwie ungut. Letzteres hat einen tieferen Grund, denn wir wissen intuitiv, was die Bibel wiederholt sagt: Unsere Neigung zur Selbstanbetung führt letzten Endes zur Selbstzerstörung.

Das Gegengift für den Narzißmus

Wie können wir dann Selbstwertgefühl ohne Selbstanbetung bekommen? Die Lösung ist in der zweiteiligen Antwort Jesu auf die Frage eines Pharisäers zu finden, der wissen wollte, welches Gebot das größte sei:

> »Du sollst den Herrn, deinen Gott, lieben mit ganzem Herzen, mit ganzer Seele und mit all deinen Gedanken. Das ist das wichtigste und erste Gebot. Ebenso wichtig ist das zweite: Du sollst deinen Nächsten lieben wie dich selbst« (Mt 22,37-39).

Dies ist nicht nur eine brillant knappe theologische Zusammenfassung; es ist vielleicht auch die wichtigste, in ihrer Schlichtheit elegante, psychologische Bemerkung, die je gemacht wurde. Unser Selbstvertrauen muß zwei Anker haben: Anbetung und Mitgefühl.

Der Blick nach oben

Mit dem ersten Punkt sagte Jesus nicht bloß, daß wir regelmäßig zur Kirche gehen sollten. Er bat uns eindringlich, uns leidenschaftlich in der Erhabenheit Gottes zu verlieren: »Du sollst den Herrn, deinen Gott, lieben mit ganzem Herzen, mit ganzer Seele und mit all deinen Gedanken.« Das beschreibt einen Menschen, dessen verschiedene Bereiche seines Seins sich in einer freudigen und leidenschaftlichen Hingabe vereint haben.

Das *Book of Common Prayer* sagt, wir sollten »Gott danken für seine Herrlichkeit«, denn wir schulden Gott Dank – nicht so sehr für irgendeinen bestimmten Segen, den er uns gegeben hat, sondern vielmehr dafür, daß er ist, wer er ist. Wenn wir in der Anbetung so über uns selbst hinausgehen, lassen wir die Versuchung, uns in unangemessener Weise mit uns selbst zu beschäftigen, hinter uns. Dennoch besteht keinerlei Gefahr, daß solch ein Mensch ein Schwächling wird – leidenschaftliche Gläubige sind nicht schwach, sie sind sehr, sehr stark.

Die Natur christlicher Demut

Diese Frage der persönlichen Demut ist eine sehr wichtige Frage, denn einige Christen sind anscheinend der Meinung, um wirklich demütig zu sein, müsse man ein Schwächling sein, der allen erzählt, er sei ein Niemand. Ein frommes Leben zu führen bedeutet nicht, daß man mit niedergeschlagenen Augen herumlaufen, sich ständig entschuldigen, sich selbst kritisieren und demütigen muß: »Ich kann mir Namen schlecht merken.«, »Es tut mir sehr leid, daß Sie sich meinetwegen Umstände machen müssen.«, »Ich kann anscheinend niemals pünktlich sein.«, »Also, dafür habe ich mit Sicherheit keine Begabung.«

Diese Art, sich selbst herabzusetzen, wird nirgends in der Bibel befürwortet und sie ist auch psychologisch gesehen gefährlich, denn wenn man zuläßt, daß sie zu einer Gewohnheit wird, wirkt sie wie eine sich selbst erfüllende Prophezeiung: Wenn wir lange genug so reden, werden wir tatsächlich die Namen anderer Menschen vergessen, unbeholfener oder weniger erfolgreich werden. Solch eine Selbstverunglimpfung sollte aus unserem Wortschatz entfernt werden, und wir sollten nichts über uns selbst sagen, wovon wir uns nicht wünschen, daß es wahr wird.

Für einige ist Selbstkritik beinahe schon ein Reflex, so, als ob der Betreffende nach einem Weg sucht, wirklich bescheiden zu klingen. Aber wie C. S. Lewis sagte, hat christliche Demut nichts mit der kriecherischen Art eines Menschen zu tun, der, wenn man ihn bei einer Versammlung bittet, Klavier zu spielen, sagt: »Oh nein, ich spiele nicht gut. Ich bin sicher, daß es hier andere gibt, die das besser machen können.« – dabei aber sehr genau weiß, daß in dieser Gruppe niemand so gut spielt wie er. Das, so sagt Lewis, ist keine Demut, sondern falsche Bescheidenheit. Wenn man demütig ist, weiß man, daß man ein guter Pianist ist und freut sich darüber. Aber man wird deswegen nicht hochnäsig, weil man weiß, daß dies ein Geschenk Gottes ist. Anbetung ist der Anker, der verhindert, daß aus Selbstvertrauen Stolz wird.

Ich habe in diesen Kapiteln gesagt, daß wir sehr hoch von uns denken sollen, weil wir Gottes Schöpfung sind und von Gott auf wunderbare Weise nach seinem Bild geschaffen wurden. Außerdem haben wir die Gewißheit, daß Gott uns liebt, unseren Namen kennt, sich um unser Wohlergehen sorgt und geplant hat, daß wir ewig mit ihm leben sollen.

Diese Tatsachen über uns selbst anzuerkennen bedeutet nicht, daß wir stolz und arrogant werden. Ganz im Gegenteil: Wenn wir alles aus dieser Perspektive betrachten, wird Einbildung etwas Absurdes.

Ich ging einmal mit einem Bauunternehmer auf Geschäftsreise, und wir teilten uns ein Zimmer. Er ist ein sehr überzeugender und erfolgreicher Manager, der überall, wohin er kommt, von den Menschen respektiert wird. Teilweise liegt der Grund für diesen Respekt in seiner Körpergröße: Er ist 1,93 m groß, kräftig gebaut und hat Hände wie Baseballhandschuhe. Aber er heischt auch Respekt aufgrund der Würde und des Selbstvertrauens in seinem Auftreten – wenn ihn andere Menschen kennenlernen, scheinen sie zu spüren, daß dies jemand ist, der sich selbst in der Hand hat.

Am ersten Abend unserer Reise gewann ich ein wenig Einblick in die Quelle seiner Kraft. Ich hatte die Nachttischlampe angemacht, war ins Bett gekrochen, hatte meine Zeitschrift aufgeschlagen und fing an zu lesen. Ich glaube, ich bin dreißig Jahre lang auf diese Art ins Bett gegangen.

Aber mein Freund hatte ein anderes Ritual. Er knipste seine Lampe an und kniete sich dann neben seinem Bett nieder, um unhörbar seine Gebete zu sprechen. Es ist schwierig, meine Gefühle zu beschreiben, als ich zu ihm hinüberblickte und sah, daß er betete. Der Schriftsteller James Joyce hätte es vielleicht als eine Erscheinung bezeichnet – einen jener Momente im normalen Leben, wenn alles um einen herum erleuchtet ist.

Der Blick nach außen

Anbetung ist das Gegengewicht zu Stolz. Nun müssen wir seinen Kontrapunkt betrachten: ein Leben voll Mitgefühl. Wir sollen unseren Nächsten lieben wie uns selbst. Solche Liebe schließt die engen Beziehungen zu Familie und Freunden, über die wir im vorigen Kapitel gesprochen haben, ein. Aber als Christus uns befahl, unseren Nächsten zu lieben, meinte er weitaus mehr als den Aufbau von Beziehungen. Denn als der Rechtsgelehrte um eine nähere Erläuterung bat, wer denn sein Nächster sei, antwortete Jesus, indem er die Geschichte vom barmherzigen Samariter erzählte. Wir sollen die lieben, die arm sind und die wir nicht kennen.

»Das Gegengift für Langeweile ist nicht Unterhaltung, sondern Dienst«, schreibt John Gardner, der Gründer von *Common Cause* [großes, christliches Hilfswerk], und solange wir immer nach Gelegenheiten ausschauen, um zu dienen und zu lieben, können wir ein starkes Selbstwertgefühl haben, ohne daß es in Stolz umschlägt. Als sich die Autorin Evelyn Underhill den Theologen Friedrich von Hügel als geistlichen Mentor aussuchte, schlug er ihr unter anderem vor, daß sie sich von ihren gelehrten Studien abwenden und zwei Nachmittage pro Woche unter armen Menschen in den Slums von London zubringen solle. Das ist die Art Ausgleich, den wir alle brauchen – das Kloster zu verlassen und in die schmutzige Arena derer zu gehen, die leiden. Die Selbstbesessenheit der heutigen Kultur unterscheidet sich davon sehr stark: Man ist entschlossen, »alles zu haben«, Glück zu finden, indem man sich weder um seine Familie noch zukünftige Generationen noch soziale Verpflichtungen kümmert. Es geht um mich, mich, mich.

Als Henri Nouwen, jener römisch-katholische Priester, den viele von uns wegen seiner überzeugenden Bücher über Theologie und Psychologie bewundern, im August 1985 sein Lehramt an der *Harvard Universität* aufgab und nach Frankreich zog, um in einer kleinen Kolonie für geistig Behinderte zu arbeiten, machte er damit eine Aussage, die wichtiger war als alles, was er je in seinen Büchern gesagt hatte. Einige Jahre zuvor hatte er Jean Vanier kennengelernt, den Gründer der »Arche«, einem Netzwerk von Lebensgemeinschaften für geistig behinderte Menschen. Die Arbeit im Haus in Trosly-Breuil, einem kleinen Dorf vor Paris, begann, als Jean Vanier sich entschloß, Raphael und Philippe einzuladen, gemeinsam mit ihm ein *foyer* (zu Hause) zu gründen. Die beiden hatten jahrelang in einer Anstalt für geistig Behinderte gelebt und hatten weder Familie noch Freunde. Es war eine unwiderrufliche Entscheidung. Er wußte, daß er diese beiden Männer nie wieder dahin zurückschicken konnte, woher sie gekommen waren.

Er gab seinem ersten *foyer* den Namen *l'Arche*, das französische Wort für »Arche«, und gab damit zu verstehen, daß sein Zuhause wie Noahs Arche sein sollte, ein Zufluchtsort für verängstigte Menschen. Jean dachte nicht daran, eine Bewegung oder eine große Organisation zu gründen. Er begann einfach, sich um zwei Menschen zu kümmern, die nicht ohne Hilfe zurechtkamen. Aber schon bald kamen Menschen aus verschiedenen Ländern und boten ihre Hilfe an. Sie waren Men-

schen wie Nouwen, einem Flüchtling aus der intellektuellen Welt der
Harvard Divinity School, der sein Leben lieber damit zubringen wollte,
Menschen in Not zu dienen, sie zu baden und für sie zu kochen.

Die meisten von uns haben nicht die Freiheit, alles zu verlassen und
in ein Heim für geistig Behinderte zu ziehen. Manchmal ist christlicher
Dienst keine großartige, heroische Tat, sondern ein kleiner Akt der
Freundlichkeit. Selbst Fremden können wir Balsam in Gilead anbieten.
[Ausdruck aus Jer 8,22, wo Balsam als Wundheilmittel dient. – Anm. d.
Übers.] Einer meiner Freunde, der im Verkauf tätig ist, sagt, daß er sich
jeden Tag zwei Dinge vornimmt: 1. versucht er, etwas zu tun, was er
ungern tut, und 2. versucht er, sich besonders anzustrengen, um etwas
für einen anderen zu tun, wofür er mit Sicherheit keine Anerkennung
bekommen wird.

Ein Reporter fragte einmal Mutter Teresa, woran sie den Erfolg und
das Versagen ihrer Arbeit messe. Ihre Antwort war, daß Gott ihrer Meinung nicht solche Kategorien wie Erfolg und Versagen benutze. Der
Maßstab sei vielmehr: »Wie sehr habe ich geliebt?!«

Es wäre interessant zu erfahren, was für ein Selbstgefühl Menschen
wie Mutter Teresa und Henri Nouwen – die anscheinend voll mitfühlen-
der Liebe sind – mit sich herumtragen. Ich vermute, daß sie nicht viel
darüber nachdenken. Wahrscheinlich stehen sie morgens mit Schwung
auf, weil sie ergriffen sind von einem Leben der Anbetung und des
Dienstes. Es gibt so viel zu tun, daß sie keine Zeit haben, ihren emotionalen Puls zu fühlen und zu fragen: »Bin ich heute glücklich?« Sie sind
zu sehr damit beschäftigt, Liebe zu empfangen und weiterzugeben.

Es erscheint manchmal seltsam, daß Jesus uns sagte, wir würden
uns selbst finden, indem wir uns verlieren. Wenn wir Menschen wie
Pater Nouwen, meinen Freund, den Verkäufer, und Mutter Teresa sehen,
bekommen wir eine leise Ahnung davon, was diese Worte bedeuten.
Jeder dieser drei hat einen starken Willen, aber dieser starke Wille führt
nicht zu einem aufgeblasenen Ich, weil sie sich der Liebe zu Gott und
der Liebe zu ihrem Nächsten widmen.

Es ist die Liebe Gottes, die uns die Grundlage unserer Identität gibt,
und weil wir durch sie eine Mitte erhalten, die von seinem Frieden
geprägt ist – solch einen Bezugspunkt, der uns geistig gesund erhält –,
können wir uns anderen zuwenden und uns ihnen hingeben. Das Paradoxe daran ist, daß solch eine Hingabe an unseren Nächsten unser

Selbstbild nicht bedroht, sondern es vielmehr stärkt. Rollo May sagt, das Erstaunliche an der Liebe sei, daß es die beste Methode ist, um uns selbst kennenzulernen. Das Selbstwertgefühl ist, genau wie das Glücklichsein, etwas sehr Schlüpfriges, wenn wir versuchen, es um seiner selbst willen zu ergreifen. Normalerweise entsteht es eher als eine Art Nebenprodukt. Wir verlieren uns selbst im Dienst, und eines Tages stellen wir plötzlich fest, daß wir zuversichtlich und ziemlich glücklich sind.

Was als ein Buch über die verschiedenen Möglichkeiten der Selbstwahrnehmung begann, hat sich als ein Buch über Liebe entpuppt, denn Selbstwertgefühl entsteht am ehesten durch Lieben und Geliebtwerden, und schlußendlich ist es die Liebe unseres Vaters im Himmel, die uns hilft, alles in der richtigen Perspektive zu sehen.

Ich habe es bis zu diesem Schlußkapitel vermieden, den Ausdruck »Eigenliebe« zu verwenden, denn mir ist bei dem, was in diesem Wort mitschwingt, nicht wohl. Es klingt zu sehr nach einem eingebildeten Menschen, den wir mit den Worten beschreiben: »Er ist ganz schrecklich in sich selbst verliebt«. Dennoch war Eigenliebe gemeint, als Jesus uns befahl, unseren Nächsten zu lieben wie uns selbst. Wenn wir uns selbst wirklich lieben sollen, dann ist damit eindeutig nicht jener Stolz gemeint, den weise Autoren immer wieder als überaus schädlich für uns Menschen gebrandmarkt haben. Es ist vielmehr jene Art von Beziehung gemeint, die wir mit unseren besten Freunden haben: Wir akzeptieren sie, einschließlich aller Fehler und Macken, und wir wollen ihr Bestes. Wir sind ihnen gegenüber eine Verpflichtung eingegangen, und aus dieser Verpflichtung heraus sorgen wir für sie, soweit sie es brauchen. Genauso sollte es in unserer Beziehung zu uns selbst sein.

Oder um ein besseres Bild zu nehmen: Wir sollen uns so lieben, wie Gott uns liebt. Gott ist nicht übermäßig von uns beeindruckt – er kennt unsere Fehler. Aber wir sind Gottes Kinder, und Gott hat ein wohlwollendes Interesse an unserem Wohlergehen. Wenn wir das Selbstwertgefühl also »Eigenliebe« nennen, müssen wir es als diese unverkrampfte Wertschätzung und den gesunden Respekt gegenüber einem geliebten Menschen sehen.

Die drei Arten der Liebe– die Liebe zu Gott, zum Nächsten und zu uns selbst – sind eng miteinander verbunden. Alle sind in dem ersten

Gebot zusammengefaßt: Wir sollen den Herrn, unseren Gott, mit Herz, Seele und Gedanken lieben. Aufgrund dieser festen Beziehung sind wir fähig, eine gesunde Achtung sowohl uns selbst als auch unserem Nächsten gegenüber zu empfinden – wir werden unseren Nächsten lieben wie uns selbst.

Es ist seltsam, wie sehr Liebe und Lachen zusammengehören. Wenn man sich in jemanden verliebt, findet man scheinbar so vieles lustig, und es braucht nicht viel, um einander lachend in die Arme zu fallen wegen eines witzigen Ereignisses. Ein Treffen guter Freunde zeichnet sich unter anderem durch das herzliche Gelächter aus, das immer wieder ausbricht. Und die wirklich gute Eigenschaft eines gesunden Selbstbewußtseins ist die Fähigkeit, sich über die eigenen Eigenheiten genauso zu amüsieren wie über die anderer.

Vor einigen Jahren erschien ich als Mitglied einer Diskussionsrunde in einem der religiösen Fernsehprogramme. Ich machte mir Gedanken darüber, was ich sagen sollte, und war ein wenig besorgt, was die Zuschauer wohl von mir denken würden. Wenn ich vor Gruppen spreche, rede ich freimütig über meinen christlichen Glauben, aber ich benutze nicht immer das traditionelle »geistliche« Vokabular. Und obendrein machte ich mir Gedanken wegen meines Aussehens. Ich hatte gut 13 kg Übergewicht, und der Knopf an meinem Jackett spannte bedrohlich.

Dann gesellte sich ein Mann zu unserer Runde, der viel dicker war als ich, der bei jeder Gelegenheit lachte und der der Star der Show war. Er hatte erfolgreich in vier oder fünf verschiedenen Berufen gearbeitet und hatte sich jetzt teilweise aus dem Berufsleben zurückgezogen. Er versuchte nicht, seinen Bauch im Fernsehen zu verstecken – er saß auf dem Rand seines Stuhls, fuchtelte mit den Armen, ließ sein Jackett offen fliegen und seinen Schlips hängen, wie er wollte. Er lachte, er stöhnte, und seine Augen strahlten vor Begeisterung und Freude. Er war entspannt und selbstbewußt und gab auf keinerlei Art vor, mehr zu sein, als er war.

In evangelikalen Kreisen wird sehr viel davon gesprochen, daß man »ständig im Gebet« sein und regelmäßige Familienandachten halten müsse. Aber er sagte vor aller Welt, daß das nicht seine Gewohnheit sei. »Offen gestanden«, sagte er in die Kamera hinein, »haben Harriet und ich alle möglichen Methoden ausprobiert, wie man Bibelstudium machen und miteinander beten kann, und es funktioniert bei uns einfach nicht. Ich bin nicht besonders stolz darauf, sondern sage Ihnen einfach nur, wie es bei uns zu Hause läuft. Die einzige Gelegenheit, bei der wir zusammen beten, ist, wenn wir zu Bett gehen. Wir kuscheln uns aneinander an und sprechen ein Gebet, und dann liegen wir einfach da und halten einander, und das bringt alles in Ordnung.«

Genauso offen sprach er auch über die Situationen in seinem Leben, in denen er total versagt hatte. Er war aus einer Stellung als Leiter eines Unternehmens gefeuert worden. »Sie sagten mir, sie würden offiziell bekanntgeben, daß ich gekündigt hätte, damit kein so schlechter Eindruck entstünde. Aber sie wollten, daß ich meinen Schreibtisch am Sonntag ausräume, damit mir niemand Fragen stellte. Ich war bis dahin in meinem ganzen Leben noch nicht gefeuert worden.«

»War das für Sie traumatisch?« fragte der Moderator.

»Traumatisch?« rief er aus. »Ich ging nach Hause, legte mich ins Bett und zog zwei Tage lang die Bettdecke über mein Gesicht. Aber meine Frau liebte mich. Sie wußte, daß ich einiges falsch gemacht hatte und hatte gewartet. Sie ist eine geistliche Frau und liebte mich wieder gesund.«

Als ich ihn beobachtete, wurde mir klar, wie wenig unsere Körperform mit unserer Attraktivität zu tun hat. Millionen amerikanischer Frauen beobachteten, wie dieser übergewichtige Mann redete, und hätten wahrscheinlich alles getan, um einen Ehemann wie ihn zu haben. Wir sind viel lieber mit einem entspannten Menschen wie ihm zusammen, der lachen und lieben kann, als mit einem asketischen, distanzierten, kühlen und unsicheren Menschen.

Dieser Mann, der mein Freund wurde, ist ein gutes Beispiel für gesunde Selbstliebe. Er nimmt sich selbst nicht zu ernst, spricht offen über seine Mängel und kann ohne Schwierigkeiten über sich selbst lachen. Und dennoch umgibt ihn auch Würde. Sein Selbstwert ist darin begründet, daß er ein Kind Gottes ist, und er verschwendet sein Leben nicht – er führt ein Leben, zu dem auch der Dienst an anderen gehört, und kümmert sich hingebungsvoll um manche Menschen, die ihm über den Weg laufen. Erfolg und Versagen scheinen zu kommen und zu gehen, aber auch das nimmt er nicht zu ernst, denn es reicht, Gott zu dienen, aus dem, was er hat, das Beste zu machen und sich zu freuen, wann immer sich die Gelegenheit dazu bietet.

Immanuel Kant, der große Philosoph, sagte, wenn es überhaupt eine Wissenschaft gäbe, die wir dringend bräuchten, dann wäre es eine, die uns sagt, »wie wir angemessen jenen Platz in der Schöpfung einnehmen können, der dem Menschen zugewiesen ist«. Mein Freund hat diesen Platz anscheinend besser gefunden als manche andere, die versuchen, Philosophen und Psychologen zu sein. Er hat die Mitte zwischen Selbstverachtung und Selbstanbetung gefunden.

Dieser Platz in der Mitte ist ein angenehmer Ort. Dort können wir zielgerichtet und sicher leben und dennoch über unsere Eigenheiten lachen, wenn uns unsere Freunde sagen, daß mit uns etwas nicht stimmt. Es ist ein Ort, wo wir entspannt sind, sowohl im Hinblick auf unsere Gaben als auch auf unsere Mängel, unser riesiges Potential und auch unsere Neigung zur Sünde; wo wir wissen, daß wir einerseits Staub sind, und andererseits »nur wenig geringer gemacht als Gott … mit Herrlichkeit und Ehre gekrönt« (Ps 8,6). Wir fühlen uns mit beiden Seiten wohl, weil wir wissen, daß beide Seiten in Gottes Händen liegen.

ANMERKUNGEN

1 Das Material aus *Peanuts* von **Charles Schultz** wurde mit Erlaubnis des United Feature Syndicate, Inc., abgedruckt.

2 Zitate aus *The Disowned Self* von **Nathaniel Branden** (New York: Bantam, 1971), S. 99, wurden mit Erlaubnis von Nathaniel Branden benutzt.

3 Material aus *Our Many Selves* von **Elizabeth O'Connor**, (Harper and Row, Publishers, Inc., 1971) S. XXi.

4 In angepaßter Form übernommen aus *Type A Behavior and Your Heart* von **Meyer Friedman** und **Ray H. Rosenman** (New York: Ballentine/Fawcett, 1981), .

5 Das Zitat des Mönchs stammt aus *When I Relax, I Feel Guilty* von **Tim Hansel** (Elgin, Ill.: David C. Cook, 1979), S. 44-45.

6 Material in veränderter Form aus *Getting Rich Your Own Way* von **Srully Blotnick** (New York: Doubleday, 1980).

7 Die Helen Yglesias Geschichte stammt aus *Late Bloomers* von **Carol Colman** und **Michael A. Perelman** (New York: Macmillan, 1985), S. 47-48, 50-51.

8 Die Liste der einzelnen Personen und ihrer Leistungen ist aus *The Book of Ages* von **Desmond Morris** entnommen (Desmond Morris, 1983).

9 Die Zitate aus *Cognitive Behavior Modification* von **Donald H. Meichenbaum** (New York: Plenum, 1977), S. 32,

10 In angepaßter Form übernommen aus *Peak Performance* von **Charles Garfield** (Los Angeles: Jeremy P. Tarcher, 1984), S. 17-19.

11 Das Material über Thomas I. Fatjo Jr. wurde *With No Fear of Failure* von **Keith Miller** und **Thomas I. Fatjo Jr.** (New York: Berkeley Publishing, 1984), entnommen.

12 Material aus *Strictly Personal* von **Sydney J. Harris**, (Field Enterprises. Field Newspaper Syndicate).

13 Das Material von **Neil Clark Warren** wurde mit Gemehmigung von Neil Clark Warren verwendet.

14 Das Material über Risë Stevens ist ein Auszug aus *The Best Advice I Ever Had* von **Risë Stevens**. Readers Digest, Juli 1955.

15 Das Material aus »The More Sorrowful Sex« von **Maggie Scarf**, *Psychology Today*, April 1979.

16 Die Auszüge über Renoir stammen aus *Mein Vater Auguste Renoir* von **Jean Renoir** (R. Piper & Co. Verlag München, 1963), S. 404, 411-413.

17   Die Zitate sind Auszüge aus *Time to Remember* von **Rose Kennedy** (New York: Doubleday, 1974), S. 188 [Nicht in der deutschen Ausgabe des Buches!]

18   Das Marlo Thomas-Material stammt aus **Marlo Thomas**, *My Life Gets Better All the Time* (McCalls, August 1978), S. 86.

19   Die Zeile von T. S. Eliot stammt aus *The Cocktail Party* von **T. S. Eliot** (Faber and Faber Limited Publishers, 1978).

20   Das Harold Bloomfield-Material ist dem Buch *Making Peace with Your Parents* von **Harold H. Bloomfield** entnommen (Ballantine Books, 1983).

21   Zitate von Cynthia Gorney stammen aus »If You Hate Your Knobby Knees, Fat Thighs, Big Feet, or Small Breasts, Don't Worry. You May Never Love Your Imperfection, but You Can Live Happily with Them – Honest!« von **Cynthia Gorney**, in: *Seventeen*, August 1980.

22   Die Gail MacDonald-Zitate stammen aus *High Call, High Privilege* von **Gail MacDonald** (Wheaton: Tyndale, 1983), S. 54-55, 67.

23   Das Ann Landers-Material wurde mit Genehmigung von **Ann Landers**, Los Angeles Times Syndicate, so nachgedruckt, wie es in »Sex, Why Women Feel Shortchanged«, in: *Family Circle*, Juni 1985, veröffentlicht wurde.

24   Das Willard Gaylin-Material wurde in angepaßter Form aus *Feelings: Our Vital Signs* von **Willard Gaylin** (New York: Harper and Row, 1979), S. 40-42, entnommen.

25   Das Judith Viorst-Zitat stammt aus *Necessary Losses* von **Judith Viorst** (New York: Simon and Schuster, 1986), S. 132.

26   Die Norman Vincent Peale-Zitate stammen aus *Positive Imaging* von **Norman Vincent Peale** (Old Tappan, N. J.: Revell, 1982).

27   Das Material über Theodore Dreiser und Edward Dahlberg stammt aus *Search for Silence* von **Elizabeth O'Connor** (San Diego: LuraMedia, 1986), S. 22.